日経文庫
NIKKEI BUNKO

教育投資の経済学

佐野晋平

日本経済新聞出版

はじめに

教育にまつわる疑問と経済学

世の中には教育にまつわる疑問が多くあります。たとえば、「いい大学を出ると給料は高いのか」「幼少期にどんな習い事をすると子どもは伸びるのか」「クラスサイズを小さくすることは効果があるのか」「なぜ教員不足が生じているのか」「授業料無償化はいいことなのか」などです。

本書は、これらの教育にまつわる疑問を考察するための枠組みを、教育経済学の知見に基づき紹介するものです。

教育経済学を専門にしない方々にとって、教育問題を経済学で考えることに違和感を抱かれるように思われますが、それには大きく2つのギャップがあるためと考えられます。1つ目のギャップは、教育問題は経済学の対象だと思われていないものです。経済学は「お金」にまつわる問題を対象としているため、教育問題とにわかに結びつかないというものです。経済学では、教育は人的資本への投資と考えます。投資にはお金がかかるものです。現在の消費を抑えて将来のためにどのくらいの教育投資を行えばよいのか、個人の教育支出には常に先を見通した金銭的判断が求められます。さらに、義務教育をはじめ教育サービスの提供には多くの税金が投入されています。社会保障や国防など、他のニーズがある中での厳しい予算編成上、教育費にどれほど割くべきかについては国民（納税者）が真剣に向き合わねばならない問題といえます。経済学は社会経済を読み解くための思考の枠組みのようなものであり、社会経済を構成する「お金」だけではなく「人々の行動」も分析対象です。そこに教育は大きく関わるため、経済学の分析対象となります。

2つ目のギャップは、経済学が教育を分析対象としていることは知っていても、その適用範囲は狭いと思われている点です。これまで教育が経済学で分析されてきた中で、教育と経済学とは、本書でも紹介する人的資本や教育の生産関数という高度に抽象化された概念で説明されたり、教育の効果を測るうえでは主に学力を対象とすることが一般的でした。学校教育で掲げられる多様な目的とこのような経済学の分析手法との間に乖離があるものです。学校教育の現場では、教育基本法第2条で規定される「幅広い知識」だけではなく「豊かな情操」の涵養を目標としています。「幅広い知識」は学力と関連していそうですが、もう1つの「豊かな情操」が対象となっていないというものです。ただ、近年の教育経済学の研究では、学力などの認知スキルだけではなく、自己肯定感などの非認知スキルの重要性を指摘しています。この動きは、利用できる統計データの充実、人々の考えやスキルを計測する方法の進展、そしてある教育施策の影響を厳密に検証できる手法の開発・普及によります。経済学が扱うことができる教育問題の範囲は飛躍的に広がっており、経済学の分析範囲と学校現場での目的の乖離は埋まりつつあります。

経済学で教育を考える意義

経済学で教育を考える意義を簡潔に紹介します。経済学では、教育は人的資本への投資と考えます。人的資本とは、知識やスキルなどのことで、生産性を高め、イノベーションを促すことで、経済成長に寄与します。人的資本への投資は、一生涯を通して行われますが、学校の持つ役割は無視できません。学校教育による投資は若いときに行われますが、その成果は生涯にわたっての所得の上昇を通して回収されます。このように、教育は教育を受けた人自身に恩恵を与えます。

教育には多くの公的資金が投入されています。教育への公的な補助は、効率性の観点と公平性の観点から支持されます。効率性の観点からは、教育の正の外部経済効果を強調します。たとえば、教育を受けた個人自身の賃金上昇だけではなく、教育を受けていない他者にも恩恵がある場合です。公平性の観点からは、教育の所得格差是正効果を強調します。たとえば、幼少期は経済的に不利であったとしても、教育を受けることで生産性が上昇し将来豊かな生活を送ることができ、所得格差の縮小に貢献します。

教育は一方で教育を受けた個人に恩恵を与え、他方で教育は公的に恩恵を与えます。前者を強調すれば個人が教育費を負担すべきとなり、後者を強調すれば政府が教育費を負担すべきとなります。限られた予算をどこに配分するのかは重要な政策課題です。また、労働の生産性を向上させるためには、社会人への教育訓練（リスキリング）の役割も重要となっています。そのため、教育への公的投資の判断指針としてのエビデンス（実証的根拠）が必要です。すなわち、教育が労働市場での成果とどのように関連するか、学校教育の充実が格差是正に寄与するか、どのような教育施策が格差解消に重要かの理解が必要です。

本書の位置づけ

本書は、教育経済学の知見に基づき、教育を分析するための枠組みとエビデンスを紹介します。本書の執筆にあたり以下の3点に留意しました。第1に、理論、データ、エビデンスをバランスよく紹介する点です。様々な教育問題を経済学とデータから理解できるようにするものです。第2は、できるだけ日本のエビデンスを紹介する点です。戦後日本は普通教育中心であり、職業教育は学校よりも企業内訓練でなされてきた特徴を持ちます。教育を取り巻く環境は国と時代により異なります。ある時代、ある国で成り立つことは、他で成り立つ保証はありません。第3は、できるだけ広範なトピックを扱うことです。とはいえ、全てを扱うことは紙面上困難なので、筆者が考える重要な点に絞っています。

本書の構成は以下のとおりです。第1章では、経済学で教育を考えるうえで基本となる人的資本投資について紹介します。第2章では、教育がどのようなスキルを形成するかを明らかにするための枠組みである教育の生産関数の概念を紹介し、中でも家庭の持つ役割について紹介します。第3章では、学校資源に注目し、学校教育における様々な仕組みとスキル形成との関わりを説明します。第4章では、様々な教育政策を取り上げ、経済学から見た政策の意義や教育政策を評価したエビデンスを紹介していきます。第5章では、日本社会における変化とそれに教育がどのような役割を果たすかについて説明します。

教育投資の経済学　目次

第2章　スキル形成のための学校と家庭の役割

第1章

教育への投資のリターン

本章では、経済学で教育を考えるうえで基本となる人的資本投資について紹介します。まず、大学進学を例にとり教育を人的資本への投資ととらえる考え方を紹介します。次に、人的資本と似て非なる考え方であるシグナリングについて紹介します。そして教育投資のリターンを計測する方法を紹介します。最後に、人的資本とスキルの関係を紹介します。

1　人的資本理論

経済学では、教育は人的資本への投資と考えます。人的資本とは、人々が身につける知識やスキルのことで、生産性と関連します。人的資本を高める方法は教育であり、教育は人的資本への投資と考えます。それでは、教育への投資はどのように決まるのでしょうか。端的に言うと、投資による便益（金銭的なメリット）と投資にかかるコストの比較で決まります。この点を、高校を卒業した後に4年制の大学に進学するか否かを例にした大学進学への投資の決定モデルで考えてみます。

大学進学の便益

個人の教育水準は、統計では最終学歴で把握されます。2020年の『国勢調査』によると、25~64歳の人口総数の約6549万人のうち、在学者を除く労働力人口は約4959万人ですが、その内訳を割合で表すと、小中卒は4・8%、高卒者は39・6%、短大・高専卒は19・8%、大学・大学院卒は32・5%です。時系列で見ると、2000年時点で在学者を除く労働力人口に占める大学・大学院卒の割合は19・4%、2010年では25・2%と、全般的に学歴水準は上昇傾向にあります。

最終学歴を規定する各学校段階への進学率は上昇傾向にあります。文部科学省の調査する公的統計である『学校基本調査』によると、高校進学率と大学進学率はそれぞれ1955年時点では51・5%、7・9%だったのが、2022年時点ではそれぞれ94・3%、56・6%にまで上昇しています。大学進学率は、3年前に義務教育を修了した中学校卒業者に占める大学進学者の割合ですが、大雑把に言えば、ある時点での18歳人口のうちの大学進学者と近い値です。このように18歳の大半が大学に進学するのは、大学に進学することに何らかの便益があると思われるからです。その便益は、大学を卒業することで予測できる経済的な利得です。

大卒で予測できる経済的な利得を大卒と高卒の生涯賃金の差で確認してみましょう。労働政策研究・研修機構が発行する『ユースフル労働統計２０２１』は性別・学歴別の生涯賃金の推計値を公表しています。生涯賃金は、学卒直後からフルタイムの正社員を60歳まで続けた場合に得ることが予想される給与の合計額から計算されます。同統計によると、男性は大卒で約2億9千万円、高卒で2億6千万円、女性は大卒で約2億4千万円、高卒で1億9千万円のようです。大卒と高卒の生涯賃金差は、男性で約3千万円、女性で約5千万円が予測できるようです。もちろん、この数値は平均的なものであり、実際には個人によって異なります。

大卒と高卒で生涯賃金の差を生み出すものは、大卒と高卒とでは蓄積された人的資本が異なるためだと考えるのが、人的資本理論です。大学に通学することで学ぶ知識や技能だけではなく、大学生活を通して得ることのできるコミュニケーション能力や人脈の構築は、それぞれ人的資本と考えられます。人的資本が蓄積されることで、就業後の労働生産性が高まり、それが市場で評価され高い賃金を生み出すと考えます。

進学による便益は、教育を受けたその人自身に帰着するだけではなく、それ以外の人に恩恵があることもあります。これは教育による外部効果と呼ばれるものです。外部効果としては、「三人寄れば文殊の知恵」のように高い教育を受けた人々がアイデアを交換することでさらに新しいアイデアを生み出すものや、犯罪の抑制や政治参加を促進し、健全で活発な社会運営に寄与するものなどが考えられています。

大学進学のコスト

大学進学は便益だけではなくコスト（費用）を生じさせます。大学進学によるコストは大きく分けて2種類あります。1つ目は直接費用と呼ばれるものです。直接費用とは、大学進学により支払う入学金、授業料や生活費などです。大学に進学することではじめて発生する諸経費です。文部科学省の資料によると、２０２１年度における国立大学の授業料は年間約53万円で、私立大学の平均的な授業料は年間約93万円です。それぞれ4年間通学するとなれば授業料だけで国立は約２１２万円、私立は約３７２万円かかり、さらに生活費などもかかります。

大学進学で生じるもう1つのコストは、機会費用と呼ばれるものです。機会費用とは、ある選択をした場合、それをしなかったときに得ることのできる最大の利得のことです。大学進学の機会費用は、大学に進学する場合に、もし高卒で4年間働いたときに得られたはずの給与と考えます。給与の実態を把握する厚生労働省の公的統計の『賃金構造基本統計調査』によると、２０１９年時点で高卒男性の初任給（月給）は16万8千円なので、４年間で約８００万円になります。もちろん、進学しなければ得られる最大の利得は人により異なります。

大学に行くか行かないか

大学進学への投資の決定モデルが言わんとすることは単純です。大卒の便益が大学進学のコストを上回ると大学に進学し、大卒の便益が大学進学のコストより小さければ大学に進学しません。つまり、大卒で期待できる経済的な利得が直接費用と機会費用の和を上回ると進学し、そうでなければ進学しないというのが経済的合理性のある意思決定というわけです。

実は、この単純な話をもとにすると様々な現象が説明できることがわかっています。

先ほど大学進学率は56・6％と紹介しましたが、言い換えると残り43～44％は大学に進学しません。これは、大学に進学しない人にとって、大学卒業で得られる便益がそこまで大きくないか、コストが十分に大きいからだと考えます。たとえば、高校野球で一定の結果を残した選手が、プロ野球選手となるか大学に進学した後にプロを目指すかを考えます。高卒でそのままプロになれば給与を得ることができます。もしプロで一定の結果を残せば、その給与は上昇します。一方で、大学に進学すれば、プロ野球選手として得ることのできたはずの給与を失うことになります。また、プロ野球選手になれたとしても、高卒でプロ野球選手となった場合より4年遅くプロとしてのキャリアを始めることになります。

大学に進学するのが若年期に集中することも説明ができます。OECD『図表で見る教育2019』によると、日本の大学入学者の平均年齢は18・3歳です。諸外国はそれよりは少し上ですが、OECD平均で約21・8歳と、若年期に集中する傾向があります。日本の教育制度のもとでは、大学入学資格における年齢の制約は、高等学校相当の正規教育を12年間受けることが条件なので、「飛び級」を除けば、通常は18歳以降であることで、それ以外の条件はありません。にも関わらず、高校卒業直後に大学に進学することが一般的とされます。それは若いときに大学に進学し卒業することで高卒よりも高い賃金を得ることができるのが長期間だからです。

状況が変わると行動は変わる

状況が変化すれば進学するかどうかの行動も変わるかどうかを比較静学の考え方を用いて

説明します。比較静学とは、自分ではどうにもできない状況があり、その状況の一部が変化することに対して、他の状況が同じときに私たちはどのように応じるかを予想するものです。

進学先として考えている大学の学費が低下する状況を考えてみましょう。進学を考えている大学の授業料は大学側が決めるものであり、私たちが勝手に決められる状況にはありません。その学費が低下することは、他の条件が同じであれば、進学にかかる直接費用の低下を意味します。進学の便益とコストを比較したときに、ぎりぎりコストが大きいため進学を諦めていた人にとって、学費の低下により進学の便益がコストを上回ることになり、進学することを決めて受験するようになると予想できます。同様に、政府による授業料無償化などで大学の学費が下がれば、大学進学は増える可能性があります。

世の中で大卒の持つスキルが評価されることで、労働市場において大卒の需要が高卒と比べ増大し、大卒の賃金が高卒と比べ相対的に上昇すれば、大学進学が増える可能性があります。たとえば、新しい通信技術が生まれ、その技術を応用することやその技術を使いこなすことが重視されるようになるとします。企業において新しい技術を開発・利用するのに、大学あるいは大学院で身につけるスキルが重要ならば、労働市場で大卒または大学院卒の需要が増大することになります。他の条件が同じならば、大卒の需要が増大すると、大卒の賃金は上昇するため、大学に進学することの便益は増大します。

先ほど学卒からフルタイム正社員として働き60歳で定年する場合の生涯賃金を紹介しました。今後、高齢化社会がより進展していく可能性を考えれば、より定年延長される可能性があります。もし定年が伸びればそれだけ生涯賃金は増えることが予想されるため、大学進学を考える人はさらに増える可能性があります。

大学進学への投資モデルの示唆と留意点

大学進学への投資モデルは、人的資本への投資という考え方を説明する際によく用いられるだけではなく、進学の意思決定を研究する場合の基礎となるものです。大卒を例に説明しましたが、大学院などへの進学などその他の例にも応用可能です。大学進学への投資モデルを出発点として、教育投資はどの程度個人や社会に有益なのか、特定の教育政策は個人や社会にとってどのような影響を持つのかの分析に発展していきます。これらの点は第3節で説明します。その前に、大学進学への投資モデルにおける重要な前提について紹介します。

1つ目は、人々は教育資金を何らかの方法で調達可能であるという前提です。これは教育を受けたいと思えば、誰かが必ずその資金を貸してくれる状況で、資本市場が完全であるともいいます。もし資本市場が完全でなければ、進学することの便益が十分にあるにも関わらず、必要な教育資金を調達する（借りる）ことができず進学できません。この点は、教育のための資金調達を容易にする、あるいは教育を受けることの費用を削減することの重要性を示唆するものです。すなわち、奨学金や授業料減免に関わる政策と関連します。

2つ目は、情報が重要だという点です。あるいは、人々は進学にかかる便益とコストを正しく予想、認識できているかに関わる問題です。仮に大学に進学することで便益があるとしても、その情報を知らないがために、進学を諦める可能性があります。この点は、情報だけではなく、情報の周知方法の重要性を示唆します。日本の大学は2010年の学校教育法施行規則の改正に伴い、教育に関する情報公開を進めています。そのため大卒による便益やコストを知りやすくなった可能性があります。ただ、それだけでは進学の便益やコストを正確に認識するのは難しいのかもしれません。1つのヒントとなるのが身近にいる「お手本」の重要性です。たとえば、自分の身近な知り合いに大学卒業者がいれば大学による便益とコストを具体的にイメージできるかもしれません。

2　人的資本とシグナリング

大学進学への投資モデルでは、進学により賃金が上昇しますが、それは進学先で人的資本が蓄積されることを想定しています。進学先で人的資本の蓄積を想定しなかったとしても、進学する動機があることを説明するモデルがあります。それは進学したことが個人の能力を示す情報としての側面を強調する考え方です。このモデルをシグナリングモデルと呼びます。ここではシグナリングモデルの考え方を紹介し、人的資本への投資との違いを説明します。

大卒高卒賃金差のもう1つの見方：シグナリング

シグナリング理論によると、働き手と雇い手との間に情報の非対称性がある場合、大学教育により人的資本が蓄積されない（労働生産性が上がらない）としても、人々は大学に進学する動機を持ちます。ここでいう、情報の非対称性とは、働き手は自分自身がどのくらい新たなものを作り出すかの実力を正確にわかっているけれど、雇い手側はその情報を正しく受け取ることができない状況です。働き手はなんとかして雇い手に自分の実力を知らせたいと考えます。そのとき、自分の実力と関係しているけれど、コストのかかる行動をあえてすることで、それをしない他者と差別化をはかろうとします。詳しく見ていきましょう。

シグナリング理論のメカニズム

再び、大学に進学し大卒の学歴を得るか、進学せずに高卒のまま働くかの例で考えます。シグナリング理論での重要な前提は以下の通りです。働き手には高卒時点で生産性の高いグループHと低いグループLが一定の割合で存在するとします。進学し大卒の学歴を得るための費用はグループHにとって低く、グループLにとって高いとします。これは、生産性と学歴を得るための費用に負の関係がある状況です。また、教育によって生産性は変化しないとします。

これらの前提の下で何が起こるでしょうか。雇い手は高卒の学歴を持つ働き手なら低い生産性であり、大卒の学歴を持つ働き手なら高い生産性であると信じているとします。労働市場では、生産性に応じた賃金が支払われるため、高卒と大卒の間には賃金格差が生じます。働き手から見れば、大卒になれば高い賃金、高卒であれば低い賃金なので、進学する便益が

図1　シグナリング理論の図解

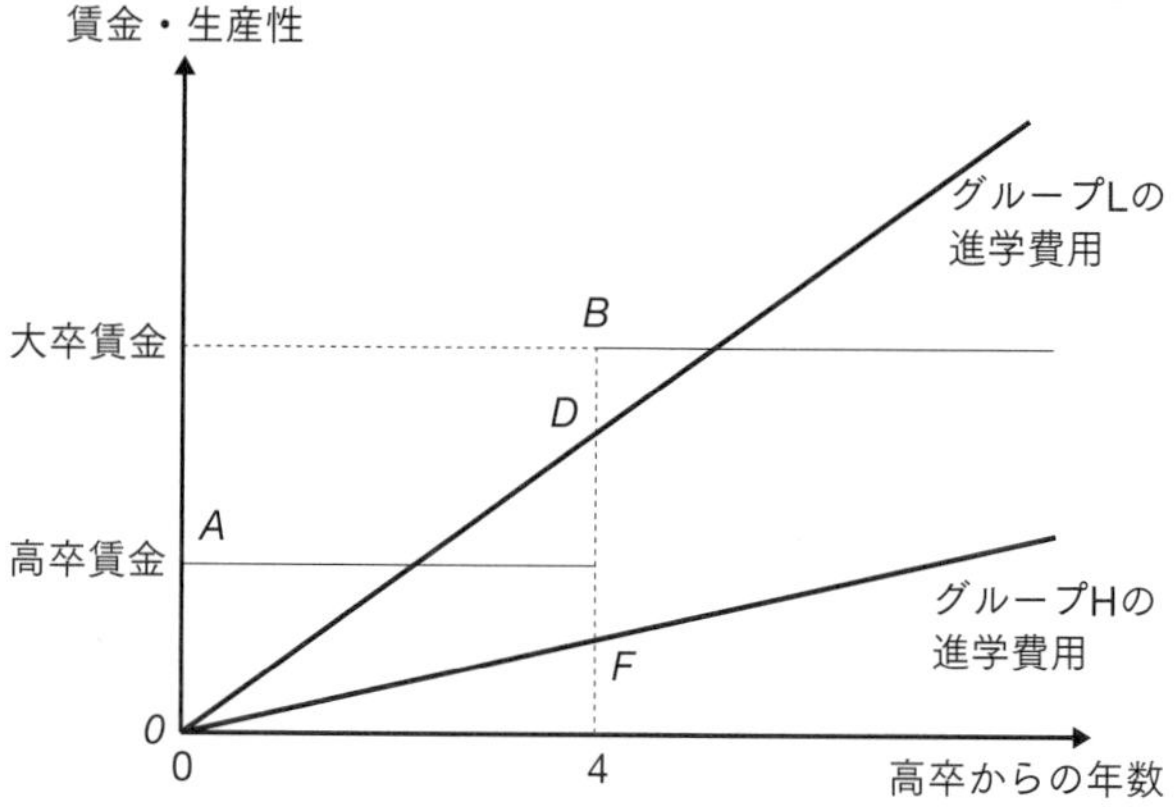

ありそうです。ところが、生産性と学歴を得るための費用には負の関係があります。この賃金と費用を勘案して働き手は進学するかどうかを決めます。

図1はこの状況を図示したものです。横軸に高卒からの年数をとり、縦軸に賃金あるいは生産性をとります。水平な線は生産性に応じた賃金水準を示し、簡単化のために、金額は一定であり大卒賃金は高卒賃金より高いとします。原点から伸びる直線はそれぞれ進学にかかるコストを示します。ここでグループHの直線の傾きはグループLのそれより緩やかです。なぜなら、同じ大卒となる4年間でかかる費用はグループHで小さく、グループLで大きいからです。各グループは高卒でいる場合と、大卒の場

合での、経済的利得である賃金から教育費用を差し引いた金額を比較します。つまり、高卒の場合は高卒からの年数0年における賃金と費用の距離、大卒の場合は高卒からの年数4年後における賃金と費用の距離です。

それぞれのグループは高卒・大卒のどちらを選択するかを図に即して説明します。グループLにとって、大卒を選択するときの経済的利得である賃金から教育費用を差し引いた金額は線分BDで、高卒を選択するときの賃金から教育費用を差し引いた金額は線分AOよりも短いため、大学に進学しません。一方で、グループHにとって、大卒を選択するときの賃金から教育費用を差し引いた金額は線分BFで、高卒を選択するときの賃金から教育費用を差し引いた金額は線分AOよりも長いため、大学に進学します。すると、大卒には能力の高いグループHのみ存在することになります。結果として、学歴情報は能力の証明（シグナル）という機能を持つことになり、雇い手の持つ信念も実現していることになります。つまり、大卒と高卒で異なる賃金を得ている状況です。この説明において、進学による人的資本の蓄積は前提とされていません。重要なのは、働き手と雇い手でお互いに正確な情報がわからないもとで、働き手は他者と差別化するために学歴という情報を用いるという考えです。

シグナリング理論からわかること

シグナリング理論の考えを応用し、大学の意義を考えてみます。もし大学が存在しなければ、雇い手は働き手がグループＬなのかグループＨなのかを判別できない状況で、ひとまずグループ割合に応じた平均賃金を提示したとします。このとき、グループＨにとっては自身の生産性よりも低い賃金しか得られないため仕事の採用に応じません。一方で、グループＬは生産性より高い賃金を獲得できるのでその仕事の採用に応じます。すると、雇われるのはグループＬだけであり、グループＬの生産性は提示される賃金より低いため雇い手は損失を被ることになります。

一方で、人的資本理論は大学を働き手に人的資本を蓄積させる手段と考えます。そのため、大学教育は人的資本を蓄積させ、働き手の生産性を長期的に向上させるかがキーとなります。シグナリング理論は大学を働き手の生産性を雇い手に伝達する手段だと考えます。そのため、大学進学の費用（たとえば、大学入試の難易度）とその働き手自身が持つ生産性に一定の関係があること、大卒は高卒よりも適切に高い賃金である点がキーとなります。言い換えると、シグナリング理論に基づくと、働き手の生産性を区別できる手段が大学以外に存在すれば、大学は重要ではないといえます。

適切な賃金差があることも重要です。たとえば、大卒と高卒の賃金差が小さければ、わざわざコストをかけてまで進学しようとしません。その場合、どちらのグループも高卒のままです。反対に、大卒者の賃金が高卒者の賃金と比べ極めて高いと、グループHだけではなくグループLの働き手にとっても進学することの費用が高いにもかかわらず、大学に進学する状況が生まれます。結果として、大卒であることは生産性が異なるという情報を持たなくなります。

シグナリング理論に立脚すると、進学の費用を引き下げることが望ましいとは限らないことになります。たとえば、授業料の引き下げは、進学のコストを引き下げるため、低い能力の働き手は大卒になろうとします。結果として、学歴の持つシグナリング機能の消滅が起こりえます。

人的資本理論と似て非なるもの？

人的資本理論とシグナリング理論は、大卒賃金が高卒賃金と比べ高いという統計的事実を異なるアプローチから解明しようとしているといえます。つまり、大卒賃金が高卒賃金よりも高いのは、大学で身につけた人的資本による貢献であることも、そもそも高い生産性を持つ個人が他者との生産性の違いを示すためであることのいずれからも解釈可能です。いわば、「似て非なるもの」といえます。ただ、いずれの理論によって立つかで、政策的な含意が異なることに注意が必要です。

人的資本理論とシグナリング理論のいずれに立脚するかで、同じ教育政策でもその評価は異なります。たとえば、大学の費用負担を軽減するための、学費援助政策を考えてみましょう。学費の援助は個人の進学にかかる直接費用を引き下げるので、他の条件が同じなら、より多くの個人は大学に進学しようとします。これは人的資本理論とシグナリング理論の両方で共通です。ただ、ここからが異なります。人的資本理論に基づくと、大学に進学することで人的資本が蓄積されるため、個人の生産性が向上します。これに、周囲にプラスの影響をもたらす外部効果も加われば、進学した個人だけではなく、社会全体での便益を与えます。一方、シグナリング理論に基づくと、進学の便益が変わらないままでの、進学費用の低下は、もともと進学するようなグループだけではなく、もともと進学しなかったはずのグループまでも大学に進学するようになります。すると、大卒であることは生産性が高いことを示す情報の価値がなくなってしまいます。つまり、学費援助政策は最終学歴が自身の能力を示すというシグナルの価値を減らしてしまいます。その場合、最終学歴以外の方法を用いて、個人の能力を識別する方法が必要になります。

人的資本理論とシグナリング理論のいずれがもっともらしいのかを区別することは容易ではありません。先ほど述べたように、大卒賃金が高卒賃金よりも高いのは、人的資本と情報という「目に見えない」ものによるからです。また、両理論は必ずしも排他的ではなく、教育による能力上昇を組み込んだシグナリング理論も想定できます。

大学のどのような側面を問題にするかもあります。たとえば、もし入学試験で生産性を測定できるのならば、入学直後に採用することも可能です。実際、特定の企業でそのような事例がありましたが、必ずしも一般的な状況までにはなっていません。難関大学であるかはシグナルの要素が強調されやすいですが、大学入試で要求される能力と労働生産性に一定の関係があることが前提となります。

このように大学進学を人的資本への投資と捉えるのか自分の能力を証明するだけの手段と捉えるのかで、大学教育への見方が変わります。そのため、これらを実際のデータから峻別するような研究が多く行われています。次項ではデータを用いた分析方法について紹介します。

3　教育のリターンを計測する方法

教育への投資はどの程度個人や社会にとって有益なのかを定量的に評価する方法の1つは、教育のリターンを計測することです。本項では、教育のリターン（収益）を計測する方法を紹介し、海外および日本の結果を紹介します。

教育のリターンを計測することの重要性

投資としての教育を評価するためには、その投資が投下する費用に対して、どの程度の収益を生むのかを調べる必要があります。そのため、教育を受けることの金銭的な便益の測定が必要になります。

教育の金銭的な便益の測定は政策を評価するうえでも重要です。大学進学を促すために、授業料の減免を計画するとします。しかし、限られた予算のもとでは、優先すべき政策が他にもあるかもしれません。また、仮に優先すべき政策だとしても、その方法はコストに見合うだけのものなのか、他の方法と比べ費用対効果が十分であるかを検討したうえで、判断する必要があります。

投資としての教育の評価方法は大きく分けて2種類あります。1つ目の方法は、内部収益率法と呼ばれるものです。内部収益率法とは、大学進学する場合に得られる生涯賃金とその場合に支払う費用の合計と、高卒の場合の生涯賃金をそれぞれ計算し、それらが一致する水準の収益率を計算する方法です。2つ目の方法は、賃金関数アプローチです。これは賃金関数と呼ばれる個人の賃金を決定する方程式を教育歴と給与を同時に観察できる個人データから推定し、大卒と高卒の賃金差を計測する方法です。この方法で計算される値は教育のリターンと呼ばれることがあります。両者はある一定の仮定のもとでは同一であることがわかっています。教育経済学研究では、後者の方法を用いることが多いです。そのため、以下では賃金関数アプローチを中心に説明します。

素朴な比較では真の効果はわからない

教育のリターンは、教育歴と給与を同時に観察できる個人のデータを用いることで計測できます。具体的には、教育歴以外の様々な要因を一定にした上で、大卒と高卒の賃金差を比較します。しかし、このような素朴な比較では、教育のリターンを正しく計測できないこともわかっています。その理由は、様々な要因を一定にすることの困難さに由来します。例をもとに説明します。

大卒と高卒の賃金の比較は、教育を受ける前の条件を同じにして比較します。具体的には、性別、年齢、家庭状況、熱意、能力などを同一にする方法です。教育を受ける前の状態が同じで、進学で賃金が異なるかを計測します。

ただ、教育を受ける前の条件を全く同じにした比較は通常困難です。なぜなら、教育を受ける前の条件のうち、データで観測できるものとできないものがあるからです。性別や親の学歴などはデータから観察しようと思えばできます。しかし、進学に関する熱意や能力はデータから観察することは困難です。能力の高い個人は、進学する傾向にあり、そのような個人は就職後も高い能力を活かして高い給与を得るかもしれません。別の言い方をすれば、大学進学者は大学に進学しなかったとしても高い給与を得たかもしれません。つまり、大学進学者と非進学者の各グループは異なる性質を持っており、給与差はそれらの性質の差を反映しただけかもしれません。このような状況を考慮せずに、大卒と高卒の賃金差を比較したとしても、その差は進学によるものか、能力の差を反映したものかを区別できません。このような問題を能力バイアスと呼びます。

図2　能力バイアス

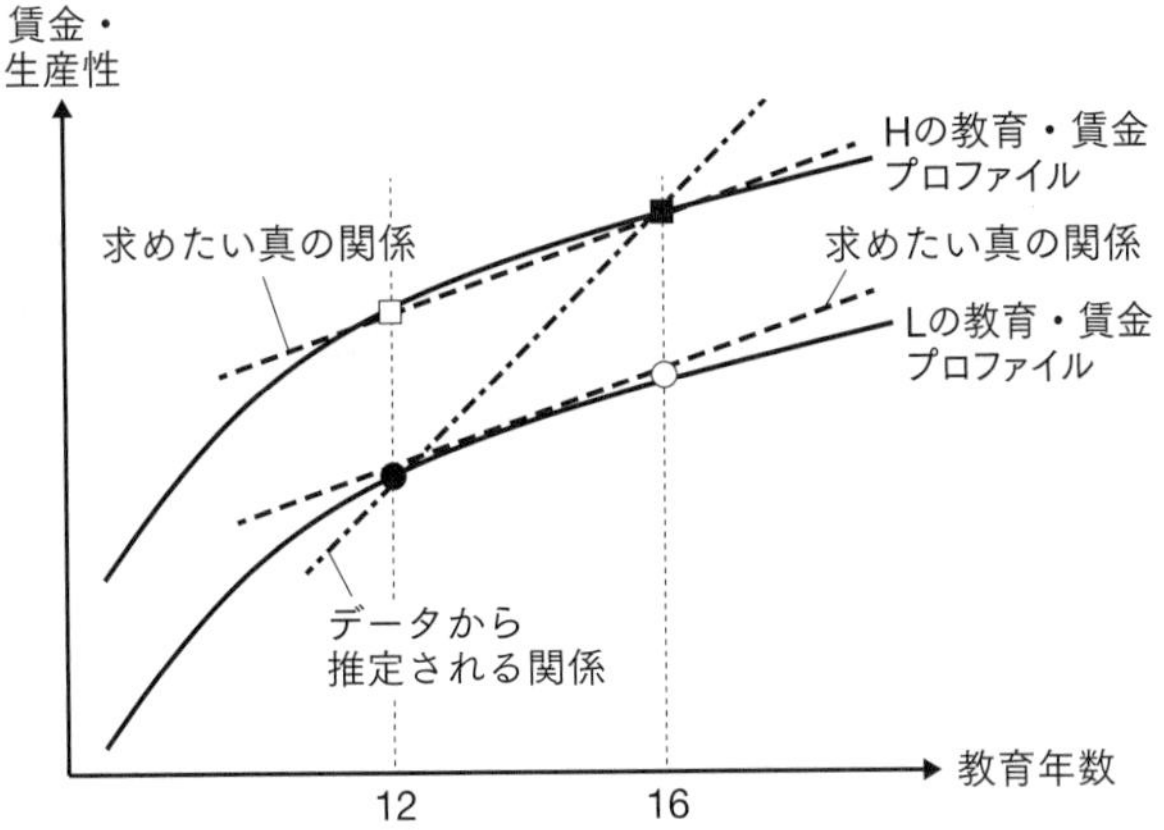

能力バイアスの問題を図2で説明します。図の横軸は教育年数で、縦軸は賃金あるいは生産性です。教育を受けると生産性が上昇しその結果として賃金が上昇します。教育を受けることでの賃金上昇ははじめのうちは大きく、徐々に上がり方は小さくなります。これを教育・賃金プロファイルと呼びます。図にはHとLそれぞれの教育・賃金プロファイルを描いています。Hの教育・賃金プロファイルはLのそれより上側にあります。これは同じ教育年数であってもHはLと比べ高い賃金を得る状況を指します。つまり、HはLよりもいわゆる能力が高い状況です。

Hは大卒（教育年数16年）を選択し、Lは高卒（教育年数12年）を選択するとします。すると、データから観察されるのはHの黒四角とLの黒丸です。データから観察される黒四角と黒丸は右上がりの線なため、教育年数が高いと賃金が高い関係が観察されるように見えます。しかし、本当に知りたいのは、Hの同じ教育・賃金プロファイル上の白四角と黒四角を結んだ直線と、Lの同じ教育・賃金プロファイル状の黒丸と白丸を結んだ直線で、それぞれ緩やかに右上がりの線です。ただ、大卒（黒四角）を選択したHにとって高卒（白四角）は実際には起こっていない（反事実）であるため、データから観察することはできません。つまり、データから観察される黒四角と黒丸の右上がりの線は、教育による賃金上昇だけではなく、異なる能力を持つ個人の差の両方を含んだものになります。

能力バイアスを解決する方法はどのようなものでしょうか。図に則して考えれば、同じ個人の教育・賃金プロファイル上で教育年数だけが異なる状況を探すことです。つまり理想的には、大学に進学した場合のHあるいはLの給与と、HあるいはLがもし大学に進学せずに働いた場合の給与の差を比較することです。しかしながら、そんな比較は困難です。そこで、この状況にできるだけ近づける方法を次項で紹介します。

教育のリターンのエビデンス

本項では、教育のリターンに関するエビデンスを紹介します。教育のリターンは、教育歴と給与を同時に観察できる個人のデータから、様々な要因を一定にした上での大卒と高卒の賃金差あるいは教育年数が1年増えたときの賃金の上昇部分から計測されます。ただし、能力バイアスの問題があるため、どのような方法で計測されたかに注意を払う必要があります。

まずは、大まかな傾向を紹介します。教育のリターンに関するエビデンスは世界中で膨大な蓄積があります。執筆時点で、教育のリターンに関するエビデンスを包括した研究によると、概ね1年あたりの教育のリターンは約10%と見積もられており、賃金を決める要因の約30%は人的資本だと考えられています。日本については、給与を把握する公的統計である『賃金構造基本統計調査』の約200万人の労働者を用いた計測結果により、1年あたりの教育のリターンは約10%と推定されています。

能力バイアスを解決した上で、教育のリターンを計測する方法は大きく3つあります。1つ目は、進学前に決まる要因を可能な限りデータから統計的に制御する方法です。一般的には研究者からは直接観察できない「能力」を示す代わりの情報を見つけ出し、それをそろえることで能力バイアスに対処する方法です。たとえば、学力やIQが用いられることが多いです。筆者はこの方法で、日本における1年あたりの教育のリターンはおおよそ8〜10%であることを示しました。しかしながら、能力を示す情報を見つけ出すことは通常困難です。仮に何らかの情報が利用可能だとしても、それを全て列挙することは困難であり、列挙できたとしてもそれぞれに何らかの測定上の誤差の問題は残ります。

2つ目は一卵性双生児のデータでの分析です。能力を示す情報を発見することは通常困難であり、あったとしても全て列挙し制御することは困難です。一卵性双生児であれば、遺伝的にも育った家庭環境も同等であると見なすことができます。それにもかかわらず、異なる教育達成をしており、その結果賃金が異なるならば、それは教育によると推論できます。中室牧子・慶大教授らは、独自に調査した一卵性双生児のデータから教育のリターンを計測し、その数値は4・5〜9・3%だと推定しました。しかしながら、一卵性双生児同士にも関わらず異なる教育年数を選択すること自体が個人で異なる何かを反映している可能性があります。

3つ目は、個人の進学意思とは無関係に進学の費用が変化する状況を利用した分析です。能力とは無関係だが、教育年数の選択のみに影響を与える状況を利用する方法です。菊地信義・内閣府経済社会総合研究所主任研究官は、出身地の大学定員や学費の変化を利用した分析を行い、教育のリターンは約9％であると報告しています。

日本の研究結果を概観すると、教育年数1年あたりの賃金へのリターンは約10％ほどです。教育への投資は金融商品と比べてもお得な投資先と言えるかもしれません。

第2節において、人的資本理論とシグナリング理論の対比をしました。教育は人的資本を蓄積するのか、単に情報を伝達する手段なのかを区別する試みが行われています。その区別は一般的に困難で、研究上の決着はついていません。人的資本を強調する論者もいれば、シグナリングを強調する論者もいます。筆者はその間だと考えています。たとえば、小野塚祐紀・小樽商科大准教授らの研究によると、ある企業の人事データを用い銘柄大学出身と昇進の関係を分析した結果、確かに銘柄大学出身者の昇進は早いがその影響は入社後に徐々に弱まるようです。ただ、出身大学から得られる労働者の能力に関する情報は3～4年で半減するようです。教育が賃金を引き上げる背後には、人的資本とシグナルの双方が含まれると考えるのが自然でしょう。

いくつかの展開

教育のリターンは大卒と高卒の賃金差にあらわれますが、それは国や時代で異なります。

図3　大卒・高卒相対供給と相対需要

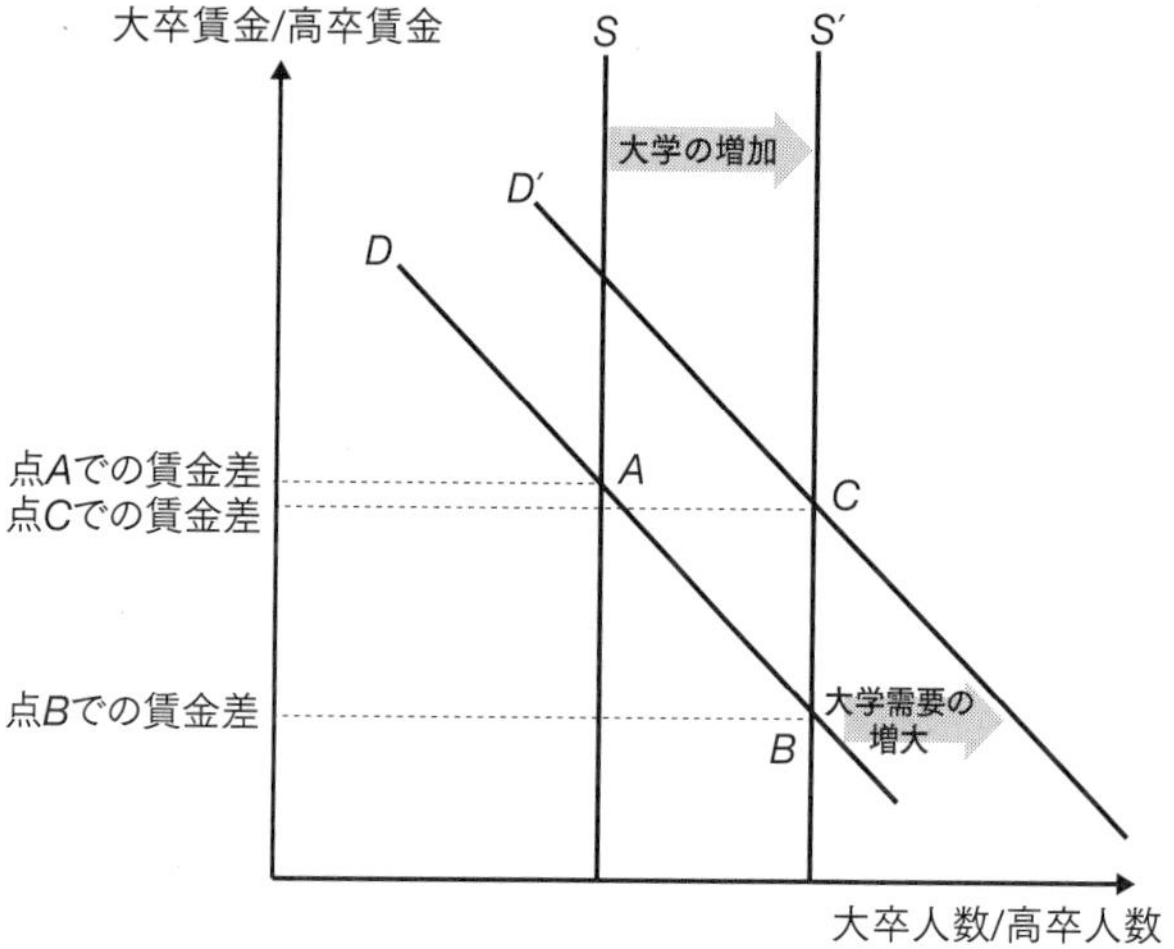

大卒高卒の賃金差は、高学歴者への需要と供給で決まるからです。需要と供給の枠組みを用いてこの点を説明します。

図3を用いてこの状況を説明します。図の横軸は高卒に対する大卒の人数を示し、縦軸は高卒賃金に対する大卒賃金を示します。大卒賃金が高いほど、大卒に対する需要は減るため、大卒への需要は賃金に対して右下がりの曲線です。簡単化のために大卒の供給は、大学の定員数で決まるとし、垂直な線だとします。需要と供給が一致する交点で大卒の賃金と人数が決まります。これを高卒に対する大卒の相対的な関係と捉え直せば、需要と供給が一致する交点は大卒と高卒の賃金差と大卒と高卒の相対的

な人数となります。

この枠組みから、いくつかの状況を考えます。「大学が多すぎる」状況を考えてみましょう。大学の数が多すぎる状況は、大学の数（あるいは定員数）が増えて、供給曲線が右側にシフトする状況です。もし需要曲線がこれまでと変わらなければ、点Aから点Bへと変化するため、確かに大卒高卒の賃金差は縮小します。大学が多すぎて、大卒の価値が低下しているのであれば、大卒と高卒の賃金差は縮小するはずです。あるいは教育のリターンは相対的に低下するはずです。しかし、別の状況も考えられます。もし技術が進展し、大学で学ぶようなスキルの重要性が評価されるようになれば、大卒に対する需要は増大します。すると、需要曲線は右側にシフトします。点Bから点Cのように、大卒の供給量の増加以上に大卒の需要の増大が生じた場合、大卒の価値は必ずしも下がりません。

川口大司・東大教授らは、この点を日米のデータを用いて検証しました。アメリカでは1980年代より大卒の需要が増加したにも関わらず、その需要を埋めるように大卒者数が増加しなかったために大卒高卒賃金格差は拡大したが、日本では大学数が急速に増えたため大卒高卒賃金格差は拡大しなかったことを示しました。

教育のリターンとして大卒と高卒の例を挙げましたが、大学院卒と大卒の差も重要です。

大学院教育は、最新の学術知見を社会に実装する高度人材を育成し社会に輩出する場として期待されています。先ほど、技術の進展が大卒者に対する需要を増大させる点に言及しましたが、さらなる技術の高度化に伴い、大学院で学んだ人材への需要の増大が進む可能性があります。

実際に大学院への進学者数は増加傾向にありますが、それでも先進国の中では多いとは言えません。『科学技術指標2021』(文部科学省 科学技術・学術政策研究所)によると、2018年時点の人口100万人あたりの修士修了者数は、日本で588人、アメリカで2550人、ドイツで2610人です。博士に関しては、日本で120人、アメリカで281人、ドイツで336人です。

日本において大学院のリターンを計測した研究を紹介します。森川正之・一橋大特任教授は、『就業構造基本調査』の個票データを用い、大学院のリターンは約15〜30%と推定しました。菅史彦・九州大准教授は3種類のデータセットを用い、大学院進学前に決定される要因を統計的に制御した上での大学院のリターンは男性で約16〜23%、女性で約13〜26%と推定しました。

同じ1年の大学、大学院教育でも専攻によりその中身は異なります。専攻学部による差を計測した安井健悟・青学大教授の研究によると、進学前の要因を統計的に制御すると、理系や文系の中の専攻ごと、学部や大学院ごとに賃金上昇は異なり、2000年と比べ2014年時点の理系女性の賃金上昇は大きいようです。

お金だけではない影響

教育のもたらす影響は賃金上昇にとどまらない可能性があります。つまり、教育の外部効果です。教育のリターンには、教育による賃金上昇がその個人に帰着する私的リターンと、社会に帰着する社会的リターンがあります。社会的リターンには、周囲にプラスの影響を与える外部経済効果や非金銭的なリターンがあります。

残念ながら日本を対象とした事例はないですが、海外を対象とした研究によると、教育により犯罪発生が抑制されること、健康が増進すること、政治に関する知識がつくことで政治参加が促進されるなど、労働市場以外での広範なアウトカムに対して教育が影響しているようです。

4　認知スキルと非認知スキル

教育は人的資本への投資であると説明しましたが、その人的資本の「中身」を計測する研究が蓄積されています。その中身として、認知スキルと非認知スキルが考えられており、労働市場での評価に関する研究が蓄積されています。本節では、その動向を紹介します。

人的資本とスキルの関係

教育は人的資本への投資であると説明しました。ところで、達成した教育水準は人的資本水準を示していると考えていいでしょうか。教育年数には質の情報や学校外教育の影響が反映されていない問題が指摘されています。人的資本を教育年数で捉えることの第1の問題点は、教育年数は教育の質が反映された指標ではない点です。これは、教育年数が1年増えると、カリキュラムや授業時間の違いにより教育の質が異なったとしても、同じだけ知識やスキルが蓄積されると暗黙のうちに想定しています。第2の問題点は、教育年数を人的資本の指標と考えるためには、人的資本は正式な教育により蓄積されると暗黙のうちに想定しています。人的資本を蓄積する手段は、正式な学校教育だけではなく、家庭、仲間、あるいは学校外教育からも影響を受ける可能性があります。

そこで、ある時点で本人が保有しているスキルを人的資本の指標としてみなす考え方があります。これは教育年数を人的資本の指標とみなす問題を部分的に解決している指標です。まず、同じ教育年数ですが、異なるスキル水準であることは、直面している教育の質の差を反映した指標とみなすことができます。また、スキルは学校教育の程度、家庭環境、塾など様々な教育手段の後に形成された人的資本を反映した指標とみなせます。そのため、教育で身につくと考えられるスキルと人的資本の関係が注目されています。

認知スキルと非認知スキルの指標

人的資本とスキルの関係は次のように考えられています。人的資本は、学力などの認知スキルとコミュニケーション能力などの非認知スキルのまとまりと考えます。過去に蓄積された人的資本水準や、人的資本への投資そして個人を取り巻く環境は、現在の人的資本を形成していきます。認知スキルと非認知スキル、そしてそれらへの投資効果は相互に関連すると考えます。

さて、認知スキルや非認知スキルはどのように計測されるのでしょうか。スキルの計測は心理学の膨大な知見があります。ここでは経済学研究でよく使われる指標に限定して紹介します。

まず、認知スキルの代表としては学力があります。学力はいわゆる学力試験の点数で計測されることが多いです。その際、学力調査の方法論に基づき、異なる学年や異なる調査年であっても絶対的な水準を比較できるような尺度が望ましいとされます。その他には、OECD国際成人力調査（Programme for the International Assessment of Adult Competencies：PIAAC）で計測される読解力、数的思考力、ITを用いた問題解決能力が用いられることが多いです。それぞれ比較可能な尺度に基づくスコアがあり、国際比較が可能となっています。PIAACは2013年に第1回目が実施され、第2回目調査は2022〜2023年に実施されています。ちなみに、PIAACの結果によると、日本の読解力、数的思考力、ITを用いた問題解決能力の平均得点は調査国中1位のようです。

非認知スキルとしては、性格特性を計測するビッグファイブ（性格5因子）、自尊感情、統制の所在（Locus of Control）があります。なお、ソーシャルスキル、社会情動的スキルを含めることもあります。しばしば注目されるのは、性格特性で、こちらはビッグ5計測の箇易版により計測されることが多いです。ビッグ5とは、外向性、協調性、勤勉性、情緒安定性、経験への開放性のことです。

スキルの労働市場での評価

これらのスキルは労働市場でどのように評価されているのでしょうか。OECDの国際成人力調査（PIACC）を用い、スキルと賃金の関係を国際比較した研究の日本の結果を紹介すると、読解力、数的思考力、ITを用いた問題解決などの認知スキルはそれぞれ単独では賃金と正の相関を持つが、3つを同時に考慮すると数的思考力のみ賃金と正の相関を持つようです。

ビッグ5で計測した非認知スキルと労働市場での成果の関係を日米比較した李嬋娟・明治学院大学准教授と大竹文雄・大阪大特任教授の研究によると、日米で共通する点は「外向性」と「勤勉性」がそれぞれ所得との正の関係を持つこと、一方で日米で異なる点は「協調性」が日本では所得と正の関係、アメリカでは負の関係を持つことを発見しています。

これらの研究は認知スキルと非認知スキルの一方だけを考慮した分析ですが、先ほど述べたように、これらのスキルは相互に関連します。そこで、筆者は安井健悟・青学大教授らと、認知スキルと非認知スキルを同時に考慮した分析を行いました。分析結果によると、認知スキルについては認知性熟慮テストや数的思考力が、非認知スキルとしては外向性や自尊感情がそれぞれ賃金と正の相関を持つことを発見しました。

認知スキルと非認知スキルの労働市場での評価は時代を通して変化する可能性を示唆する研究があります。スウェーデン男性の徴兵時の認知スキルおよび非認知スキルの計測結果を租税データと組み合わせ、1992〜2013年の、認知スキルと非認知スキルのリターンを計測した研究を紹介します。約20年間で認知スキルのリターンは約10〜12％と安定的ですが、非認知スキルのリターンは8〜13％と上昇傾向です。また、同じ学歴内でも非認知スキルのリターンは上昇傾向にあり、賃金分布の下位と上位で非認知スキルへのリターン差は拡大傾向にあります。認知スキルと非認知スキルは共に労働市場で評価されますが、非認知スキルの重要性が増している可能性が示唆されます。この研究の著者らは、国際化に対応できる人材の持つチームマネージメント能力が評価されてきた可能性を示唆しています。

このようにスキルは労働市場で評価されますが、スキルは身につけるだけではなく仕事で利用されてこそ意味を持つこともまた重要です。川口大司・東大教授と鳥谷部貴大・一橋大講師はPIAACを用い、読解力、数的処理能力の保有からなる指標と、読解力、数的処理能力を仕事にどの程度利用するかの指標をそれぞれ算出し、日本では男女で同程度のスキルを持つが、その仕事利用では差があることを示しました。賃金とスキルの関係において、スキルを持っているかだけではなく、スキルがどのように利用されるかも重要といえます。

スキル形成の重要性

このようにスキルは労働市場の成果と関連しそうなことがわかります。であるならば、スキルの形成がどのように行われるかに注目する必要がありそうです。

スキルの形成は、ライフサイクル全体すなわち生涯を通して行われます。ある時点のスキルは過去のスキルとスキル形成のための投資により決まります。スキル形成のための投資とは、幼少期の家庭教育から始まり、義務教育、高等教育、就業後の職業訓練や自己啓発などです。これらの投資活動を通じてスキルが蓄積されていきます。スキル形成において、その初期段階である学校教育の役割は無視できません。学校教育などでこれらのスキルがどのように形成されるのか、スキル形成のためにどのような教育施策が有効なのかに着目する必要性がありそうです。

第2章

スキル形成のための学校と家庭の役割

労働市場での労働者の成果の差は、教育そして形成されるスキルと関連しそうなことがわかります。教育を受けることによりスキルが形成され、それが将来の所得上昇につながる可能性が示唆されます。スキルの形成はライフサイクル全体すなわち生涯を通して行われます。ある時点のスキルは過去のスキルとスキル形成のための投資により決まります。

それではどのような教育がスキル形成に寄与するのでしょうか。以下では、教育がどのようなスキルを形成するかを明らかにするための枠組みである教育の生産関数を紹介します。その中でも本章では特に、家庭の持つ役割について紹介します。

1　教育の生産関数という枠組み

スキル形成と教育そして家庭がどのように関連するのかを考案するための枠組みである教育の生産関数について紹介します。教育の生産関数は教育にまつわる様々な側面を評価するための分析枠組みです。評価には統計データが欠かせません。本節では日本での教育データの利用可能性を説明します。

スキル形成と学校教育の関係

人的資本とは、労働者の身につけるスキルや知識などと紹介しました。人的資本は機械などの物的資本と同様に生産活動に寄与します。高い人的資本水準を持つ個人は多くの新たな価値を生み出すと考えます。新たな価値を生むことに対して報酬が支払われるため、個人の所得を決める重要な要素です。人的資本は教育や訓練により蓄積されます。そのため教育水準は人的資本の指標の1つと考えられています。教育水準を主に代理する教育年数（学校に通った年数）では捉えきれないものもあるため、人的資本をスキルの塊でとらえる考え方があります。スキルの塊とは、学力などの認知スキルとコミュニケーション能力などの非認知スキルのまとまりです。第1章で紹介したように、認知スキルや非認知スキルは労働市場での賃金と統計的な関連を持つことがわかってきています。

図4は生涯を通した教育への投資と人的資本やスキルの形成を模したものです。ある時点の人的資本は、過去の蓄積や取り巻く環境と相互に作用しながら決まります。たとえば、幼少期の人的資本は認知スキルと非認知スキルからなり、それらは家庭環境や子どもへの投資で変化します。学齢期にはそれまでの人的資本に加え、その時点での家庭環境や学校教育により変化します。そしてそれらは成人期へと続いていきます。この人的資本が家庭環境や学

図４　教育投資とスキルの蓄積

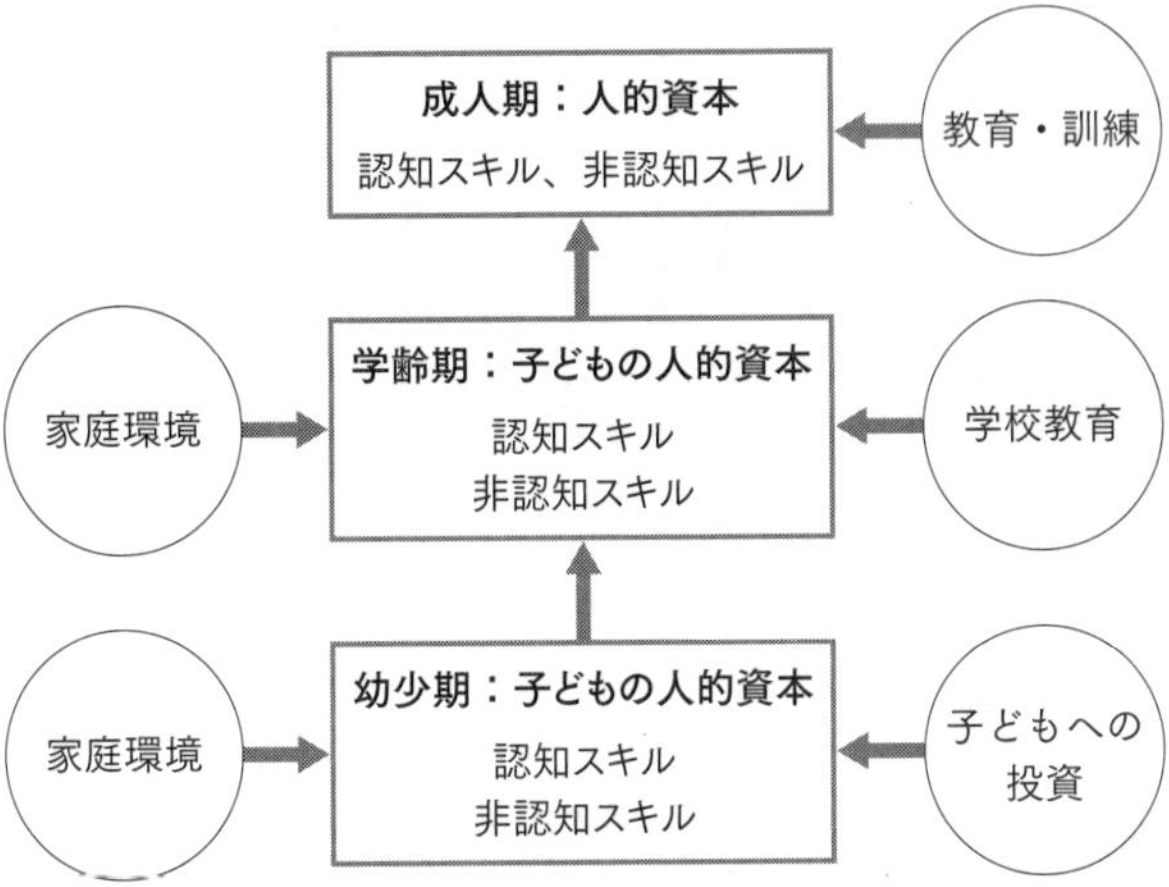

校教育により変化する様子は、教育の生産関数と呼ばれる枠組みと対応します。

教育の生産関数とは

教育の生産関数とは、インプットである学校資源、家庭資源とアウトカムである学力などの関係を定式化したものです。インプットである学校資源とは、教師、授業時間、クラスの規模など、学校により決められる資源です。インプットである家庭資源とは、学校外教育や育児時間など、家庭により決められる資源です。アウトカムは、学力などの認知スキルだけではなく、コミュニケーション能力などの非認知スキルや受験の結果など様々です。

一般的には、ある時点のアウトカムは、過去のアウトカム、教師や授業時間などの学校資源、家庭の教育投資などの家庭資源などのインプットで決まると考えます。あるいは、学校資源や家庭資源のインプットが、過去から現在までのアウトカムの「伸び」に着目する方法もあります。いずれにしても、教育の生産関数は、教育によるアウトカムが、どのような要因で決まるかを描写したものと考えます。明らかにしたい関係、利用可能な統計データなどを勘案し、分析がなされます。

教育の生産関数という枠組みを考える利点は、アウトカムの向上という評価軸のもとで、どのようなインプットの投入が重要かを見える化できることです。この点は、教育政策の評価を定量的に把握する場合に重要です。たとえば、義務教育のクラスサイズ縮小政策を評価する方法に適用してみます。データを用い、教育の生産関数を推定し、1学級あたり生徒数が1人減ると、学力などがどの程度変化するかを計測します。その計測値がその他の教育方法と比較してどの程度大きいのか、費用対効果はどの程度かで、政策を定量的に評価することができます。

また、教育の生産関数の枠組みは、教育の成果は投入する学校資源だけではなく、家庭資源すなわち経済状況にも依存するという当然のことを再認識させてくれます。この点は、教育の持つ格差解消の側面で特に重要です。つまり、公平性の観点からは、家計の経済状況により子どもの教育機会が失われることの深刻さが問題となります。教育のアウトカムを決定する要因として、家庭の要因がどの程度重要であるのか、それは公的教育を整備することで解消できるのかを考察する上でも、示唆を与えてくれます。

教育データの重要性

インプット（学校資源、家庭資源）とアウトカム（教育達成、学力）の関係を明示的に示した教育の生産関数は、教育にまつわる様々な側面を評価するための分析枠組みを提供してくれます。その際、利用可能な統計データに注意を払うこともまた重要です。

統計データとしては、アウトカムとインプットの状況を同時に利用できる個人レベルのデータであることが望ましいです。個人レベルのデータは、置かれた環境や教育達成が個人で異なる状況を考慮できるからです。

しかしながら、必ずしも個人単位で把握されない指標や、把握されていたとしても利用が困難な場合は、クラス、学校、地域単位で集計された統計データを利用することになります。また、アウトカムとインプットが別々の統計から把握される場合は、それらを組み合わせて利用することも必要となります。いずれにせよ、そもそもの数値がどのように収集されたものかに注意を払う必要があります。

全国学力・学習状況調査

アウトカムの指標を考えてみましょう。教育経済学研究で最も着目される指標は学力であり、それを計測したと考えられる学力試験のテストスコアがしばしば利用されます。

日本における、学力に関する代表的なデータは全国学力・学習状況調査（以下、全国学調）です。全国学調は、２０１０年に始まった、国公立小学校6年生と中学校3年生を対象とした悉皆調査です。ただし、一部の年が抽出調査であることや、震災やコロナ禍で実施されなかった年もあります。全国学調では、学力試験と同時に、児童生徒や学校への質問紙調査を実施しており、学力テストの結果だけではなく、生徒児童の状況や学校の状況と組み合わせた結果を観察することができます。

全国学調の結果は、その規模や世間での関心の高さから、しばしば「ランキング」の形で紹介されることが多いです。たとえば、全国学調の学力テストの平均正答率を47都道府県別に集計したものや、特定の自治体あるいは学校の数値への注目などです。このように学力テストの結果には多くの関心が寄せられています。

ただ、全国学調の数値はその調査方法に留意しながら解釈する必要があります。言い換えると、全国学調の数値を学力だと判断するにはいくつかの問題点があるといえます。第1に、全国学調の調査対象は国公立のみで私立がカバーされない点です。たとえば、2022年の東京都にある小中学校の私立シェアは11・4％なため、全国学調の東京都平均は「東京都の国公立平均」と見るべきです。第2に、全国学調では家庭状況が把握できない点です。前述の通り、教育達成は、学校要因と家庭要因で決まります。ある都道府県と別の都道府県に学力差があったとしても、それは学校の差なのか家庭環境の差なのかは、平均値を比べただけでは分かりません。ただ、この点は後述する補完調査で一部考慮することができます。第3に、全国学調は変化を追えない点です。全国学調は毎年4月にその時点の小学校6年生と中学校3年生を対象とする横断面データです。原理的には、ある時点の小6は4年後には中3になるので追跡しているように見えますが、同一個人を識別することはできません。この点は、ある取り組みにより学力が変化したことを明らかにできないだけではなく、もともとの学力の違いを考慮した分析ができないことを意味します。第4に、全国学調は学力を計測できているかの問題があります。川口俊明・福岡教育大准教授は、全国学調は大規模学力調査の方法論がふまえられていないため、学力調査として不十分である点を指摘しています。

このように全国学調には注意すべき点がありますが、学習状況を把握できる大規模調査です。都道府県単位あるいは自治体によっては市町村単位で公開しています。この情報を用い、地域・学校レベルで集計された情報を利用することができます。それよりも詳細な情報は研究などの理由に限れば利用することができます。

前述した通り、毎年実施される全国学調は家計の経済状況を計測していませんが、一部の年ではそれを補完する「保護者調査」を実施しています。「保護者調査」は２０１３年から概ね４年おきに実施されており、全国学調の調査世帯を対象とした抽出調査です。「保護者調査」では、通常の全国学調では把握できない、家計所得、両親の最終学歴など家庭背景を詳細に調査しています。

国際比較データ

学力と家庭環境について調査され、かつ利用可能性の高いデータはＴＩＭＳＳとＰＩＳＡです。ＴＩＭＳＳは国際教育到達度評価学会により実施されている小４と中２の数学と理科の達成度調査です。ＰＩＳＡはＯＥＣＤにより実施されている15歳を対象とした読解、数学的、科学的リテラシーの調査です。両者とも、学力調査の方法論がふまえられており国際比較と経年比較が可能な点と、生徒自身の属性や家庭環境だけではなく実施校の学校長や教員への調査を行っているため、児童生徒、学校、教師を結びつけた分析を可能とする特徴を持ちます。また、一部の調査年では家計に対する調査も実施しています。加えて、一部を除いた設問項目に関する児童生徒の個票データを誰でも利用することができます。ただし、ある時点での実態把握が調査の目的であるため、個人を追跡できる設計になっていません。また、地域情報や公私立などの学校属性が必ずしも豊富に把握されていない点にも留意が必要です。

子どものパネルデータ

パネルデータとは、複数個人を追跡調査するタイプのものです。個人を追跡することで、状態の変化を把握することが可能となります。パネルデータを用いると、もともとの学力の違いを考慮した上で、ある取り組みにより学力が変化したことを明らかにすることができます。日本でも少ないながら子どもを対象にしたパネルデータは存在します。たとえば、日本子どもパネル調査は、学力調査の方法に基づく学力だけではなく、大規模世帯パネル調査の付帯調査であるため、世帯の情報を活用できます。ただし、調査対象が限定される問題があります。なお、国が実施している子どもを追跡したパネルデータとして21世紀出生児縦断調査があります。これは２００１年の1月と7月あるいは２０１０年の5月の特定週に生まれた個人を追跡した調査です。大変貴重な調査ですが、身体的な発達状況は把握できるものの、学力は把握されていない問題があります。

行政データ

近年、自治体と研究者が協力し、自治体行政データを研究目的に利用する取り組みが進んでいます。費用対効果の視点から教育施策による影響を評価することは重要ですが、データの制約から分析事例は多くありません。この状況を打破する試みとして、特定の自治体行政データを用いた分析が注目されています。自治体行政データとは、地方自治体が実施する業務に付随して必然的に蓄積される情報です。それらを個人が特定されない形で、研究目的に利用することで政策的にも研究的にも有意義な発見がされています。教育データに関しては、自治体が独自に実施する学力調査をベースとしていることが多いようです。たとえば、埼玉県、東京都足立区、大阪府箕面市、そして兵庫県尼崎市の事例が有名です。

自治体行政データの利点は、観測数の多さにあります。観測数の多さは、高度な統計手法の適用やアンケートなど標本調査では捕捉しにくい少数グループの状況把握を可能にします。政策的には、これら少数グループに対する政策介入の影響を検証することが重要です。自治体行政データの真価は、学力調査をベースに、自治体が所管する行政情報と組み合わせた分析にあります。たとえば、保健所などが保有する子どもの出生時点の健康状態と小中学校在学時点の学力との関連を分析するなどです。

もちろん自治体行政データにも欠点はあります。必ずしも研究目的に沿うように設計されたデータではない点、極めて機密性の高い情報であるためアクセスは容易ではない点、そして特定の自治体の事例となる点です。ただ、最後の点は、ある教育施策はある自治体ではうまくいくが、他では異なるかもしれないという当然の可能性を考えれば、欠点とはいえず、むしろ積極的に活用されるべき点と考えます。

就職・給与データ

これまで教育アウトカムのうち学力に注目したデータを紹介しましたが、別のアウトカムの指標も考えられます。たとえば、特定の学校を卒業したか否か、大学受験、就職状況などです。また、成人期であれば就業状況、賃金などもアウトカムとして利用できます。これらは単体としては比較的利用しやすいものですが、家庭・経済状況と紐づけたデータは多くありません。

教育達成状況、給与など1つ1つとしては様々な統計データが存在しますが、実はこれらを総合的に把握するのはそれほど容易ではありません。それぞれの統計は、調査目的に応じて必要最小限な項目を調査するという性質があります。あれやこれや聞いても、答える側としては負担があるからです。また、経年比較のために一度決めた調査方法や調査項目を大きく変えることは少ないです。そのため、必要になったからと言って同一の調査に新たな調査項目を追加することには困難が伴います。

2　スキル形成における家庭の役割

教育の生産関数の枠組みに沿って、スキル形成における家庭の役割を考えてみましょう。教育の生産関数におけるインプットの中で家庭資源とありますが、それは家庭から子どもへの人的資本への投資を示します。家庭からの子どもへの投資には、お金と時間があります。

それぞれを見てみましょう。

家庭資源のインプット：家計所得・資産

教育と家庭の関係を考える上で、しばしば話題になるのが、家計所得の役割です。なお、一般的には、多くの家計にとって労働などから得られる収入と、収入から税・社会保険料などが差し引かれた所得は異なりますが、ここでは特に分けずに家計所得とします。

家計所得は子どもへの教育に対してなぜ重要なのでしょうか。所得が多いと消費を増やすことができます。消費には、生活のために必要な衣食住だけではなく、世帯員特有の支出があります。子どものための支出の代表例は、学習塾や習い事への支出です。

一般的に、所得の高い世帯ほど教育費支出は多い傾向にあります。子どもへの支出を把握する統計のうち2021年度の『子供の学習費調査』（文部科学省）によると、公立小学校の子を持つ家計のうち年間収入が400万円未満の場合の学習費総額は23・1万円に対し、年間収入が1200万円以上の場合は59・6万円です。国公私立別や小中学校など学校種類別にみたとしても、年間収入と学習費支出の正の関係が観察されます。

また、所得の高い世帯ほど子どもの学力が高い傾向にあります。2017年度『全国学力・学習状況調査』の「保護者調査」の分析結果によると、世帯収入が高いほど正答率で見た学力は高い傾向にあります。世帯収入に代表される経済的な豊かさと学力の正の関係は多くの調査研究で明らかにされています。

ただ、所得と学力の関係を明らかにするのは一筋縄ではないようです。先ほどの例では、所得の高さは子どもの教育費の高さに関連していることを統計から示しました。所得が増えると、子どもへの教育費支出は増えますが、その増え方の程度は不明です。なぜなら所得が増えると、教育だけではなくその他の消費も増やすことができるからです。さらに、子どもへの支出が子どもの学力を即座に引き上げるかどうかも不明です。したがって、所得の役割を評価するには、データによる検証が必要となります。

データによって所得と学力の関係を示すのは容易ではありません。所得の高さと子どもの学力に正の相関関係があったとしても、それは必ずしも因果関係を示すとは限らないからです。知りたいのは「家計所得」と「子どもへの投資指標（教育費支出や学力）」の因果関係です。「家計所得」や「子どもへの投資指標」は様々な要因と関係を持ちます。たとえば、所得の高さは親の年齢の高さや学歴の高さを示しているかもしれません。これらの要因を統計的にそろえた後ではどうでしょうか。それでも因果関係を示すことは難しいです。なぜならデータから観察できない教育方針の変化などが、影響を及ぼす可能性があるからです。この点をどのように解決するかは、第4節で詳細に説明します。

近年、所得格差だけではなく資産格差も注目されていることを反映し、教育達成と資産の関係を分析した研究が蓄積されています。経済学的には、生涯で見れば資産は所得と概念上一致します。なぜなら、もし自由に資金の貸し借りができるのならば、獲得した所得は好みに応じて貯蓄するか消費するかであり、資産は消費のパターンを反映しているに過ぎないからです。ところが、海外の実証結果では、資産とほかの変数、特に所得との相関が必ずしも高くないことが示されており、所得格差とは別に資産の違いが子どもの教育達成に影響を与える経路が想定されます。

資産の違いが子どもの教育達成に与える経路は以下の4つと考えられています。1つ目は、資産を教育用品など子どもに投資するために利用する点です。2つ目は、資産が多い家庭は教育資源がすぐれていた学校に入る可能性です。3つ目は、資産の多い家庭は大学にアクセスあるいは在学するための資金調達の制約を緩める点です。4つ目は、資産があることは人的資本投資を行う際にセーフティーネットとして機能する点です。とりわけ、資産のうち不動産資産としての住宅が教育達成に与える研究もあります。

家庭インプットとして親の学歴はどのように考えることができるでしょうか。ここでの親の学歴とは高卒、大卒といった「タテ」の学歴のことです。教育経済学研究において親の学歴の重要性は強く強調されていますが、それらは親の持つ何らかの資源、学歴と相関の強い行動や結果を示す情報だと考えます。たとえば、生涯で稼ぎ出す所得の指標です。ある調査時点で把握される所得は必ずしも生涯全体の所得を示すとは限りません。しかし、学歴の高い人は多く稼ぎ出す傾向にあると考えれば、学歴の高さは生涯で稼ぎ出す所得を示すと考えられます。同様の考え方として、職業で評価する場合もあります。

親の持つ所得、学歴や職業などを総称し、社会経済背景（Socio-Economic Status：SES）を考える場合もあります。全国学調の「保護者に対する調査」では、家計所得、父親の学歴、母親の学歴を合成した指標を作成し、それを4分割したSES指標を定義しています。あるいは、家計所得、父母の学歴だけではなく、家庭にある特定の財（電化製品や書籍の冊数）など複数の指標を統計的に統合した指標でSESを定義する場合もあります。

教育の生産関数において家庭資源は重要であり、その中でも経済的な指標と学力形成の関係は重視されるものです。ただ、経済的状況がいい、すなわち所得が高いことは即座に学力形成には結びつきません。所得と学力の間には、何らかの経路（メカニズム）があると考えるのが自然です。その経路と考えられるのは、時間の使い方とお金の使い方です。以下ではそれらに注目します。

家庭資源のインプット：時間・しつけ

教育の生産関数におけるインプットのうち、時間の使い方について考えます。具体的には、子ども本人の時間の使い方と親の子どもへの時間の使い方です。本人の時間の使い方としては、家庭における時間の使い方がスキル形成にどのように寄与しているかを計測するものです。

家庭での時間の使い方を考える重要性は、時間はある意味で金銭と裏表の関係にあるからです。子どもにとってみれば、1時間を勉強に使うのか、同じ時間を遊ぶのかで満足感は異なります。今遊ぶことは今の満足感を高めますが、いま勉強すれば今は（遊べない意味で）苦しくとも、将来に高い給与をもたらすかもしれません。また、親にとってみれば1時間を子どものために使うことは、1時間仕事をして獲得する所得を失っていることを意味します。親自身が子どものために時間を使うのか、所得を高くすることを通して子どものために使うのか、そしていずれの影響が問題なのかを知ることは重要です。

時間の使い方はどのように把握されるのでしょうか。時間の使い方は、日記形式で把握されます。その方法は、特定の数日間について15分単位で活動を記録してもらうものです。たとえば、16~17時は宿題をし、17~18時はテレビを視聴するなどを個人単位で測定するものです。日本では『社会生活基本調査』が活動時間を日記形式で記録する公的統計です。『社会生活基本調査』は5年おきに10月の特定の連続する2日間について1回あたり約100万人についての調査で、10歳からを調査対象としています。そのため、子どもや家計の時間の使い方を把握することができます。

ただ、残念ながら、学力などの調査はされていない点、そして一時点のデータであり追跡した調査ではありません。アメリカやオーストラリアでは、子どもを対象とした調査の補完調査として、日記形式による時間調査がされており、家庭での時間の使い方と子どものスキル形成についての知見が明らかとなっています。

子ども自身の時間の使い方と親の時間の使い方が子どものテストスコアにどのような影響を与えたかを研究した結果を紹介します。前述したアメリカの子ども調査を用いた結果によると、子ども自身の勉強時間と母親の子どもへの関与時間はテストスコアと正の関係を持っていますが、母親の子どもへの関与時間はデータ観察期間よりも前のときの時間が重要である点、子ども自身の勉強時間がより重要である点を示しています。つまり、親の関与は最初だけで、それ以降は子ども自身の時間の使い方が重要といえます。

この親と子どもの時間の使い方の関係は、「しつけ」とも関わります。つまり、親がどのような教育方針を持つかです。親が子どもに対して「強く介入する」か「見守る」かです。この点に関して、国際比較した研究によると、学歴達成による所得の上昇の見込みが強く、そして学歴達成の競争（受験）が厳しいほど、「強く介入する」傾向にあることがわかっています。

ただ、家庭での時間の使い方は、家庭外資源（塾など）の利用や学校教育と相互に関連します。この点は、続く節で紹介します。

家庭資源のインプット：外部資源

これまで見てきたように、親の子どもへの教育投資の方法は時間とお金です。時間は直接の関わりで把握できますが、お金はそれ自身が子どものアウトカムに寄与するのではなく、なんらかの外部資源の購入を通して行われると考えるのが自然です。その外部資源の代表例は、学校外教育すなわち塾・習い事です。

先にも出てきた『子供の学習費調査』の2021年の調査結果によると、学校外活動費に含まれる支出項目は補助学習費とその他の学校外活動費からなり、補助的学習費はそれぞれ家庭内学習費、通信教育・家庭教師費、学習塾費とその他からなりますが、そのうち学習塾費への支出が多い傾向にあります。たとえば、平均的な学習塾費は公立小学校で年間約8万1千円、公立中学校で年間約25万円です。さらに、通信教育・家庭教師費を加えると、学校外活動費に占めるシェアはそれぞれ公立小学校で42%、公立中学校では75%に達します。授業料などを含めた学校教育費総額から見てもシェアは公立小学校で約30%、公立中学校では約52%です。

学校外活動費への支出の傾向として以下の点が指摘されています。第1に、学校外支出の傾向は子供の年齢（教育段階）や学校種（公立か私立か）で異なる点です。「子供の学習費調査」によると、公立において学校外教育に占める学習補助費の割合は小1で約30%なのが小6では約50%、中3では約88%と学年を経るごとに増加する傾向にあります。また、公立は学習補助費に支出していますが、私立の場合は授業料も高くなるため学習補助費のシェアは低下します。

第2に、学校外支出の傾向は家計の特徴で異なります。学校外教育投資の決定要因を分析する一連の研究によると、世帯収入の多さや家庭の社会経済的地位の高い家計ほど、教育投資を行う傾向にあります。

第3に、学校外支出の傾向は教育政策と関連を持ちます。窪田康平・中央大教授の研究によると、2002年の学校週休二日制と学習指導要領改訂に直面した公立中学校に通学する子を持つ家計と、そのような変化に直面していない私立中学校に通学する子を持つ家計の政策前後を比較すると、公立中学校に通学する子を持つ家計の補習的な教育への支出は約13%増加したことを発見しています。

このように塾など学校外活動費への支出は、日本においてメジャーな教育投資の1つと考えられていますが、はたしてその投資に対して十分なリターンが見込めるものでしょうか。学校外教育への投資のリターンは学力スコアの向上で評価できるかもしれません。学力スコアは、高等教育への進学だけではなく、その後の賃金に影響を与えている可能性があります。

学校外教育が学力スコアを向上させる可能性は何があるでしょうか。第1は、追加的な学習時間の増加です。学校での勉強に加え、塾などでの勉強時間が増えることで、学力スコアが上昇するルートです。第2は、教育の質の違いです。学校教育は、学力だけではなく、様々なスキルの養成を目的としています。それに対し、学習塾は学力向上を目的としています。学力向上を目的とするならば、それに適した教育方法を実践するため、同じ学習時間だとしても、学力向上に関しては学習塾が優れているかもしれません。第3は、仲間の影響です。学習塾では学力水準に応じたクラス編成を実施することができます。自分と似たものあるいは自分よりも優れた仲間により、自分自身も引き上げられる可能性です。これはピア効果と呼ばれるもので第3章で詳しく説明します。第4の可能性は、見せかけの関係です。通塾する子どもは「熱意」がある、あるいは経済的に余裕があることで他の教育投資機会に恵まれているため、通塾者と非通塾者を比較すると、あたかも通塾者の学力スコアが高いように見える状況です。

実は、学校外教育が学力スコアに与える影響を検証した研究はそれほど多くありません。研究が多くない理由は、因果関係を明らかにすることの困難さとデータの利用可能性の問題からです。因果関係を明らかにすることの難しさは、通塾するかどうかは子どもやその親が決めるからです。たとえば、通塾により成果の大きいものほど通塾する傾向にあると、通塾の効果は大きめに計測されてしまいます。事実、学校外教育への支出は所得や親の社会経済的地位と関連することを踏まえると、そのような家庭背景を持つ子どもは通塾以外の教育投資機会も豊富なため、通塾による成績上昇は大きい可能性があります。因果関係を明らかにするためには、通塾などの決定が個人の意思とは無関係のところで決まる状況を考える必要があります。仮にそのような状況があったとしても、第2の問題であるデータの利用可能性の問題があります。これは、通塾の状況と学力などのアウトカムを児童生徒単位で結びつけた統計が十分に利用できない状況から生じます。

このような状況ですが、学校外教育への投資の効果を検証したいくつかの研究を紹介します。1つ目の研究群は、無作為実験により学校外教育の利用可能性が決まる状況を利用した事例です。具体的には、東日本大震災後にNPOが実施した経済的に不利な家庭向けに、放課後教育のためのバウチャー（金券）の無作為配布を利用した事例です。この事例の結果によると、放課後教育のためのバウチャーは学力スコアを上げることを明らかにしています。同じバウチャー事業で、バウチャーを受け取ることのできる基準の境界前後を比較した研究によると、バウチャー受給者はいわゆる偏差値換算で4・5ほど学力が上昇している点、休日の学習時間を平均30分ほど増加させている点を発見しています。なお、通塾率を20％上昇させるものの、統計的に有意な差はないとしています。

2つ目の研究群は、制度的要因により学校外教育の利用可能性が決まる状況を利用した事例です。足立区が実施した小学生3、4年生向けの補習教育を評価した研究事例です。補習教育は、自治体が学習塾事業者に委託する形で運営されていましたが、その定員には限りがありました。同じテストの得点を取ったとしても、ある学校に所属していれば補習対象となるが、別の学校ではその対象にならないことが生じました。この状況を利用し、補習教育の利用と学力スコアの関係を分析したところ、国語は偏差値換算で1・3、算数は統計的に有意な結果ではありませんでした。

3つ目の研究群は、データから観察できる個人の特徴から統計的手法を用いて通塾の効果を検証する事例です。通塾の効果は、通塾者の成果と、同じ個人がもし通塾しなければ達成する成果と比較することで検証できます。しかし、同じ個人間で通塾と非通塾の状況は観察できません。それはグループで考えても同様です。ただ、統計的手法から、そのような状況を疑似的に作り出すことは可能です。具体的には、通塾者の特徴を使って、非通塾者の手段の中から通塾者とよく似た個人を取り出してくる方法です。よく似た個人というのを傾向スコアという指標の値の近さで捉え、通塾者とよく似た特徴を持つ非通塾者と成果を比較する方法です。この方法で通塾の高等学校進学への効果を検証した研究によると、通塾の効果は多様である点を発見しています。筆者らは同様の方法を用い尼崎市の行政データから学力スコア面への影響を見たところ、学年により差があるものの通塾は算数スコアを偏差値換算で

2〜3程度、国語スコアを2程度引き上げる点、その背後には学習時間が増加する点を発見しています。

学校外教育として、学習塾を挙げましたが、いわゆる習い事もあります。佐々木勝・大阪大教授によると、スポーツ活動は非認知スキルの涵養に寄与する可能性があり、非認知スキルは昇進などと関連があることを指摘しています。スポーツ活動だけではなく、音楽関連の習い事も重要かもしれません。ドイツの研究によると、ピアノを習っていることはスポーツ活動よりも教育成果に与える影響が大きく、またスポーツ活動をしつつピアノを習っている場合の教育成果は大きいことが明らかになっています。筆者らは、成人に対する調査を用い、小学校時代に習い事をしていたかどうかとその後の成果の関係を分析し、ドイツの研究と似たような結果を発見しています。

このように、学校外教育への投資により、子どものアウトカムが上昇するかはケースバイケースといえます。学校外教育への投資の費用対効果が十分であるのか、そしてそれは個人だけではなく社会的なリターンを生むのかについてはわかっていません。ただ、学校外教育へのアクセスは家計の経済状況により差があることは確かです。その意味で、学校外教育にアクセスできない場合の公的な学校教育は依然として重要となります。

家庭資源のインプットと学校資源の相互関係

学校資源と家庭の教育投資は相互に関連する可能性があります。教育の生産関数の枠組みに従うと、子どものアウトカムは、過去の蓄積、学校資源と家庭資源のインプットで決まります。学校資源と家庭資源は、それぞれ独立して子どものアウトカムに影響するだけではなく、相互に関連して影響を与える可能性があります。

1つの可能性は、学校資源の充実は家庭の教育投資を代替する点です。たとえば、クラスサイズが縮小すると、学校での教育が充実していると考え、学校に任せておけば安心なので、親は子どもの宿題を手伝う時間を減らす可能性があります。別の可能性は、学校資源の充実は家庭の教育投資を補完する点です。たとえば、クラスサイズが縮小すると、学校で先生から子どもへの目が届きやすくなりますが、学校での教育についていくためにも、親は子どもの宿題を手伝う時間を増やす可能性があります。つまり、学校資源の変化に反応して家庭の子どもへの教育投資の程度が決まる可能性があります。

このように学校資源と家庭資源の相互作用は重要な視点ですが、実証研究はそれほど多くありません。その理由の1つはデータの問題です。学校資源と家庭資源の相互作用を分析するには、学校面と家庭面の両方で質の高いデータを必要とします。学校側の情報は行政データを駆使することで入手できる可能性が広がっていますが、行政データは必ずしも家庭内の状況を把握するようにはできていません。一方で、家庭面のデータは様々なサーベイ調査を駆使することで入手することができますが、それを学校側のデータと紐づけることは容易ではありません。

もう1つの理由は因果関係を示すことの困難さです。たとえば、カリキュラムの充実した学校に子どもを通学させる親は、そもそも教育熱心であり、子どもに対してより投資を行う方針を持つ可能性があります。学校資源と家庭資源の相互作用の関係を示すには、家庭の教育投資の方針とは無関係に学校資源が変化する状況を探し出す必要があります。

3　経済格差と教育格差

教育の生産関数の枠組みを踏まえると、子どものスキル形成において、学校だけではなく、家庭の役割、経済的状況は重要です。本節では、経済的状況の格差と教育の格差に関連する議論を紹介します。

経済格差と教育格差のつながり

経済格差は経済学における公平性、とくに機会の不平等の議論と関連します。すなわち、市場で達成される資源配分は公平であるか、公平なものとするために税や社会保障で再分配すべきかの観点です。この公平性の観点からは再分配としての教育の役割を重視します。たとえば、教育に対し十分な資金を投入できる家計と、それが十分にできない家計を考えます。両家計の子どもはそれぞれ、同じ水準だけ教育を受けることが理にかなっているとします。しかし、後者の家計は資金制約のため十分に教育を受けることができなければ、結果的に差が生じてしまいます。このように、家計の所得が低いことが理由で達成できる教育水準が低い子どもに対し、政府が公的教育を安く提供することや奨学金などの教育への補助を与えることは、公平性の観点から見て支持されます。

日本において、経済格差と教育格差の現状はどのようでしょうか。まず、経済格差の動向を確認してみましょう。経済格差は、一般的にジニ係数という指標から計測されます。ジニ係数は全体的にどのくらいのバラツキがあるかを計測する指標で、その社会全体の所得の不平等度を0～1の数値で把握する指標です。0であれば完全に平等であり、1であれば完全に不平等です。

日本の所得格差の現状を『所得再分配調査』から観察してみます。図5はジニ係数の推移を示したものです。税金などが差し引かれる前の所得である当初所得から計算されたジニ係数は1981年から2021年にかけて上昇傾向にあります。ただし、実際に私たちが利用できるお金は当初所得から税金や社会保険料が引かれ社会保障給付を受け取ったあとの再分配所得です。再分配所得から計算されたジニ係数は1981年から2021年にかけて0・3のあたりを推移しています。つまり、ジニ係数で見る限り、再分配後の所得格差は大きく拡大していません。

国際的に見た日本の格差はどのようでしょうか。OECDのIncome Inequalityデーターベースの2018～2021年の数値によると、日本のジニ係数（0・334）は、アメリカ（0・375）、イギリス（0・355）よりはやや小さく、韓国（0・33）、イタリア（0・33）とは同じぐらい、スウェーデン（0・286）やノルウェー（0・285）よりはやや大きい程度です。

つまり、ジニ係数という所得格差の指標で見ると、日本は極端に不平等でもなければ、格差が拡大傾向にあるというわけでもなさそうです。なお、ジニ係数には留意点があります。第1は、ジニ係数は所得格差の拡大のみで変化しない点です。たとえば、夫婦2人に子ども

図5 ジニ係数の推移

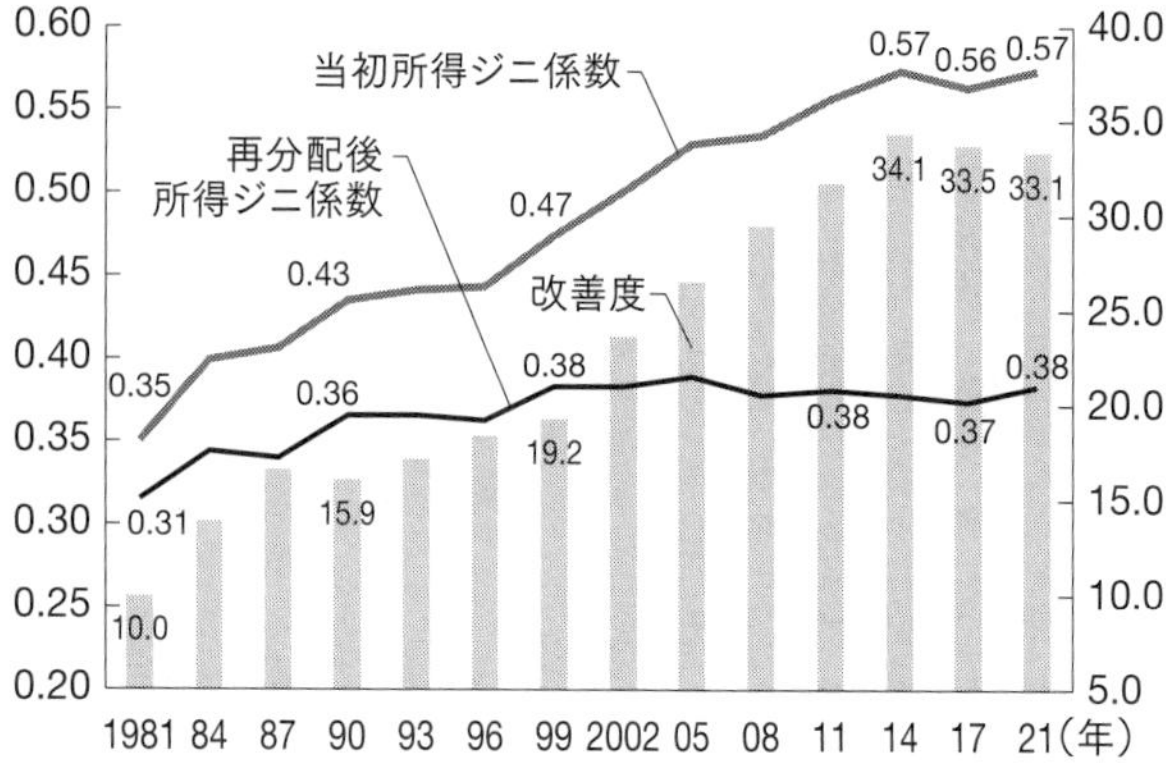

［出所］『所得再分配調査』（厚生労働省）

が1人いる世帯から、子どもが就職のため世帯員からはずれ新たな世帯を形成すると、個々人の所得が変わらなくても、所得の低い世帯が登場することで見かけ上ジニ係数は上昇します。人口高齢化により高齢者は増加し、また単身世帯が増加している現状において、低所得の単身高齢者の増加はジニ係数を上昇させます。第二は、統計によりジニ係数の水準が変わりうることです。たとえば、『全国消費実態調査』（現・『全国家計構造調査』）で計測されたジニ係数と『国民生活基礎調査』で計測されたジニ係数の水準は異なることが知られています。各調査には、それぞれの調査目的があり、それらの目的と達成するための方法も異なります。そのため、同じように世帯を対象とし似たような項目を質問したとしても、調査方法の違いなどで結果が異なることがあります。したがって、格差指標を観察する際には、水準だけではなく傾向を確認すること、単一の指標だけではなく様々な指標から判断することが必要です。

ジニ係数は全体的なバラツキ具合に注目する指標なのに対し、富の集中度と貧困率は所得分布の形状に注目する指標です。富の集中度とは、所得を低い順番から並べたときにトップ1%やトップ5%に着目し、トップ1%やトップ5%の持つ所得が全体の所得に占める割合を計算するものです。貧困率は、相対的な貧困率のことで、貧困線を下回る所得を持つ世帯人員数の割合を計算するものです。それぞれの傾向を見ていきます。

富の集中度は、World Inequality Databaseで公表されています。日本の数値を見ると、1800年代や1900年代の初頭は所得上位1%の富の集中度は約20%でしたが、戦時期から戦後にかけて急落し、その後は10%で推移しています。2021年の数値は約12・9%と推計されています。この数値は、国際的に見ると、やはり真ん中あたりだと言えます。

それでは貧困率はどうでしょうか。相対的貧困率は次のように計測されます。等価年間可処分所得（世帯の可処分所得を世帯人数の平方根で割った値）の中央値の半分を相対的貧困線と呼びます。相対的貧困率は、全世帯人員数に占める相対的貧困線を下回る世帯人員数の比率で計算されます。

日本において相対的貧困率はゆるやかに上昇傾向にあります。『国民生活基礎調査』によると１９８５年では約12％だったのに対し、２０１２年で16・１％となり、２０１８年時点では15・４％となっています。

ジニ係数と同様に、富の集中度や貧困率を見る上でも留意点があります。第１は、数値の変動は要因に注意する点です。相対的貧困率を例に説明すると、低所得者層の増加は、相対的貧困率を上昇させるかもしれない一方で、一国全体が貧しくし貧困線そのものを下方に移動させるかもしれません。もし貧困線自体が下方にシフトすれば、相対的貧困率は「改善」するように見えます。第2は、把握の困難さです。所得上位１％や貧困層は全体的に比べると必ずしも大きなシェアを持つわけではありません。その実態を捉えるには、大規模な調査である必要があります。

まとめると、日本の所得格差は確かに当初所得のジニ係数は上昇傾向ですが、再分配後所得で見ると安定的であり、国際的には真ん中あたりと言えます。所得上位層の拡大よりもむしろ低所得者の増加傾向が確認できます。この点は、子どもや教育とどのように関わるのでしょうか。この点は、次節で詳述します。

子どもの貧困と教育格差

２０００年代の日本の所得格差は、低所得者の増加傾向による可能性があります。すなわち、相対的貧困率の上昇です。中でも、子どもの貧困率が注目されています。子どもの貧困率とは、17歳以下の子どもを持つ世帯が相対的貧困である状態を指します。

子どもの貧困率は、全体の貧困率に対応するように変動しています。２０１８年時点で、子どもの貧困率は約14％です。ただ、世帯構成ごとに見ると、大人が２人以上の世帯における子どもの貧困率は11・３％に対し、大人が１人の世帯における子どもの貧困率は48・２％です。国際的に見ると、全体の子どもの貧困率はＯＥＣＤ平均とほぼ同程度ですが、大人が１人の世帯における子どもの貧困率は韓国とブラジルに次いで高い水準です。

少子高齢化により、子どもの貧困が見えにくいことに注意が必要です。貧困そのものは、子どもだけではなく、高齢者も同様です。人口の規模を比較すると、高齢者よりも子どもの人数が少ないため、それほど目立ちません。

ただ、子どもの貧困を放置することは、軽視できない社会的な損失である点が指摘されています。というのも、人生の「スタート」時点の貧困状態がその後のライフサイクル全体に影響を及ぼすと考えるからです。まず、子どもの貧困であることは教育達成、大学進学などの確率を低くします。大学進学の有無で所得が異なることは第1章で紹介しました。進学すれば高い所得を成人期の長い期間得ることができます。言い換えると、進学できなければ失う所得が多いことになります。また、教育達成の有無により、給与や待遇の面で恵まれている正規職への就きやすさも変わります。さらに、所得を稼げばそれは社会全体にとって税収を増やすことにつながりますが、所得が低いとその税収を失うことになります。これらを社会的な損失と総称することができます。この考えに基づき、日本財団が実施した試算によると子どもの貧困による社会的損失は約40兆円に達するそうです。想定する状況によって数値は変動しますが、決して無視できる規模ではありません。

出生時点から影響

教育への投資はライフサイクルを通して行われると説明しました。ライフサイクルの視点で考えると、そのスタート地点である、出生時点の状況も重要です。出生児体重はその後の発達に影響を与える指標と考えられており、経済学でも注目される指標です。出生児体重は出生時時点の健康状態を示す指標と考えられており、それは健康だけではなく人的資本の蓄積を通して、その後の教育達成に影響を与えます。本項では出生児体重と教育達成に関する研究を紹介します。

統計から出生時体重の傾向を見てみます。『人口動態調査』（厚生労働省）によると、日本では出生児体重が２５００g未満の低体重出生児の割合は上昇傾向にあります。たとえば、低体重出生児の割合は１９７５年時点で男子４・７％、女子５・５％に対し、２０１９年時点で男子９・４％、女子10・６％と増加しています。

低出生体重は生活習慣病の胎児期発症説から子どもの発達への影響が懸念されます。胎児期発症説とは、母体内や新生児期で低栄養状態と関連し、生活習慣病である糖尿病などの発症確率を上昇させるものです。このように、低体重は生活習慣病の経路を通して、その後の健康状態に悪影響を与えると考えられています。

出生時体重は、直面する経済環境から影響を受けます。たとえば、出生時に不況であれば、所得の低下による経路を通して、出生時体重は低下する可能性があります。もし生まれるタイミングが不況であるという偶然にも関わらず、低出生体重の影響が長期的に持続するならば、それは公平性の観点から望ましくありません。

そのため、経済学では、出生時点の状況がその後の子どもの発達に与える影響について精力的に研究が行われています。

北欧や米国を中心として、豊富なデータセットを用いて、家族要因を制御した上で出生時の状況とその後のテストスコアや学歴といった教育達成に影響を与えることを明らかにしています。出生児体重が低いこと、すなわち低出生体重は短期的な教育成果である学力テストのスコアだけではなく長期における教育達成など様々なアウトカムに負の影響を与えるようです。

日本においてはデータの制約もあり、このような研究はほとんど行われていません。川口大司・東大教授と野口晴子・早大教授は『21世紀出生児縦断調査』を用い、低体重であることは2歳半時点での発達指標が低いことと関係があることが観察されているが、6歳半時点での勉強時間、読書量や友だちの数との関連はあまり見られないことを示しました。中山真緒・日本女子大講師と松島みどり・筑波大准教授は同じデータを12歳時点まで用い双子間の比較を行い、低体重であることは身体的な成長を阻害することを示しました。筆者は大竹文雄・大阪大特任教授と、ある自治体のデータを用いて、出生児体重と小中学生時点の学力の正の関係を確認しています。中室牧子・慶大教授らは、成人の双子に現在の状況と出生時点の体重を尋ねた独自調査から、出生時の体重が低いほど15歳時点の学力水準が低いが、教育年数や賃金との関連はないことを示しました。

出生時点の景気状況と出生時体重の関係はやや複雑な可能性が示唆されています。先ほど説明したように、出生時点で不況であることは所得の低下を通し出生時体重に負の影響を持つかもしれません。一方で、不況であることで思いがけず労働時間が短くなることは仕事からのストレスから免れることで出生時体重に負の影響を持たない可能性があります。長期の都道府県パネルデータを用い、経済状況と出生時体重の関係を分析した研究によると、失業率や非正規雇用率の上昇と出生時体重の低下には関連があることを示しています。一方で、出生児の個人データを用いた研究によると、そのような傾向は必ずしも観察されないようです。

世代を通した連鎖

経済格差と教育格差の問題は、一時点だけではなく、世代を通して関連する可能性があります。

世代を通した関連を調べる1つの方法は、親子間での所得の相関を検出する方法です。具体的には、子どもの所得を決定する要因として親、特に父親の所得を考え、父親の所得が

1％上昇すると、子どもの所得が何％上昇するかを調べる方法です。もしその相関が0・3であれば、父親の所得が1％上昇すると、子どもの所得は約30％上昇することを意味し、もしその相関が0・7であれば、父親の所得が1％上昇すると、子どもの所得は約70％上昇することを意味します。明らかに、後者の方が所得の世代間の連鎖が強いことを意味します。

なお、この世代間の所得の連鎖の程度を検出する方法はそれほど容易ではありません。仮にある時点の子どもの所得とその父親の所得の情報を得たとしても、その時点の所得が一生涯を通した所得を意味しているわけではありません。一生涯の所得の情報を得るためには、個人を長期的に追跡したデータが必要となりますが、子どもについて追跡できたとしても、その親を過去に遡って追跡することは困難です。そのため、職業や学歴情報から一生涯の所得を予測する方法など統計的な工夫をし、計測されています。現在までで日本の男性の所得の相関は0・35～0・4と推定されています。

この世代間の所得の相関は、足元の所得格差と関連があることが指摘されています。縦軸に親子間の所得の相関、横軸に足元の所得格差を示すジニ係数を様々な国についてプロットすると、正の相関があることが知られています（グレートギャッツビー・カーブと呼ばれています）。親子間の所得の相関が高く足元の所得格差も大きい領域にある国はアメリカやイギリスで、親子間の所得の相関が低く足元の所得格差も小さい領域にある国は北欧諸国で、日本はいずれも真ん中に位置しています。

確かに日本は、所得格差や世代間の所得の連鎖の程度から見れば、真ん中かもしれません。しかし、子どもの貧困の状況を考慮すると、その問題は深刻かもしれません。人的資本への投資は生涯を通して行われ、その投資は早い段階で実施されることにより、長期的なリターンを得ると考えれば、幼少期に所得の制約により十分な人的資本への投資が行われないことは長期的な損失をもたらします。そのため何らかの政策対応が必要です。

4　政策やショックとの関係

本章では、教育の生産関数の枠組みを踏まえて子どものスキル形成を考えてきました。そこでは家庭や経済的状況は重要だと繰り返し述べてきました。締めくくりとして家庭や経済的状況を変化させる政策やショックとの関わりについての議論を紹介します。

現金給付の効果と児童手当

家庭の経済的状況を変化させる政策は様々ですが、その政策の代表例は子どもがいるかどうかで現金給付が行われるかどうかです。本項では、子どもへの現金給付と教育の関係について説明します。

日本において、子どものための現金給付は児童手当です。執筆時点の制度は次のとおりです。児童手当の目的は「次代の社会を担う児童の健やかな成長に資すること」であり、生後から中学校修了までの子どもに対し、子どもの年齢や人数で異なりますが、1カ月あたり1万から1万5千円が、4カ月分まとめて支給されます。住民税扶養親族等の数に基づく所得制限が設けられており、主たる生計維持者の所得が制限額（960万円ほど）を上回る場合、特例給付として1カ月あたり一律5千円が支給されます。児童手当の特例給付は2022年10月支給分から一部廃止となりました。支給廃止は所得制限額を上回る1200万円以上の世帯が対象です。

執筆時点で、さらなる変更がありそうです。2023年4月から子どもに関連する政策を一元的に所管する子ども家庭庁が新設されました。また、2023年6月に発表された「こども未来戦略方針」によると、児童手当は所得制限の撤廃のうえ対象を高校生まで拡大し、支給額の増加が検討されています。

児童手当はどのように評価できるでしょうか。「児童の健やかな成長」とは多義的ですが、ここでは子どものためにお金が使われ、それが学力に寄与しているかという視点から評価してみます。本章の第2節で説明したように、家計は限られた予算を自身と子どものために使うと考えます。児童手当は家計の利用可能な予算を増やしますが、その結果、家計が何にお金を使うかは自明ではありません。一般的には、高い所得を持つ家計ほど教育費支出が多く、学力は高い傾向にあります。しかし、このような関係は必ずしも因果関係を示していません。データからは観察できないような教育方針の変化などが、所得の高さと支出の多さや学力の高さを決める可能性があるからです。

こうした場合に注目すべきは、「家計所得のみを変化させる（家計自身が制御できない）要因」による所得の変化です。すなわち、ある出来事がほかの要因と無関係に家計の所得のみを変化させた際の子どもへの投資指標の変化を観察する方法です。海外の研究では、石油の発掘、カジノ誘致による特定グループへの補助金の支給、そして税制の変化に伴う受け取り金額の変化を利用するものです。

筆者と直井道生・慶大教授らの研究チームは、日本の政権交代と制度変更による子ども手当額の変化に注目し、このとき起こった所得変化と教育費支出と学力の変化の因果関係を検証しました。2009～2012年の政権交代期間に家計が受け取る児童手当額は子どもの人数と年齢で大きく変動しました。たとえば給付の対象年齢は、2009年には小学生修了時までだったのが、2010年には中学生までに拡大されました。数値例を考えます。子どもが2人いる場合、生まれ年が1995年と1999年の世帯と、1994年と1995年の世帯とでは、受け取ることのできる児童手当額は約1万円異なりました。つまり、中学生の子どもがいる家計は、支給対象年齢の拡大により、思いがけず現金給付を受けることができたといえます。

ここでのポイントは、児童手当受取額の変化は、世帯自身では制御できない点です。制度変更は政権交代により生じており、手当額は子どもの生年、世帯内の兄弟姉妹数により機械的に決まるため、世帯自身が金額を操作することはできません。つまり、この制度変更は、データに現れない要因とは無関係な「家計所得のみを変化させる要因」ということになります。

子どもの発達状況を追跡した日本子どもパネルデータで分析したところ、家計所得と学力テストのスコア、そして教育費支出とは正の相関を持つことを確認したうえで、所得が1％増加すると、教育費支出は約3％増加するという因果関係を示しました。この数値は、日本を対象とした過去の研究や諸外国の結果と比べ、大きい水準です。一方、所得と学力テストのスコアには因果効果が観察されませんでした。児童手当の制度変更を通して所得が増えたグループでは、所得増加分は短期的には教育のために支出されるが、その時点の学力向上にはつながらないようです。ただしこの点に関して、経済的に不利な世帯の子どもにとっては、所得増加によるプラスの影響が大きい可能性も示唆されています。

子ども手当は子どものために使われているかもしれませんが、その影響はすぐにではなく、後になって現れるのかもしれません。

これらの結果から、日本の児童手当をどのように評価できるでしょうか。所得の上昇により教育費支出が増えるのであれば、少なくとも子どものために使われているとはいえるようです。ただ、「健やかな成長に資する」ことを考えるのであれば、子どもの学力や健康などへの影響も検討する必要があります。無条件の現金給付ではなく、登校や健康診断の受診などの条件を付けた現金給付を検討する余地があるかもしれません。

そして、制度の持つ副作用にも注意を払う必要があります。大阪大学の佐々木勝教授らの研究では、児童手当の制度変更の際に所得制限前後に位置した世帯を比較すると、所得がほぼ同等でも、手当受取額の減った世帯で母親の労働供給が上昇するという結果を得ています。

そもそも、将来を担う子どもたちは、社会全体にとって有益な存在である、という点を強調するなら、所得額と関係なく給付を行う考え方もあるでしょう。

コロナ禍による影響

2020年初頭からの新型コロナウイルス感染症の拡大は社会の様々な面で影響を与えました。こと教育に関しても同様です。ここではコロナ禍というショックが教育に与えた影響について紹介します。それらから見えることは、家庭と学校の相互の関係の重要性です。

新型コロナウイルス感染症と休校の関係を簡潔に整理します。日本の小中学校では2020年2月末から新型コロナウイルス感染症への対策が本格化し、2020年2月27日に小中学校、高等学校および特別支援学校において全国で一斉に臨時休業する方針が当時の安倍総理大臣より示され、同日の文部科学省による「新型コロナウイルス感染症対策のための小学校、中学校、高等学校及び特別支援学校等における一斉臨時休業について（通知）」

で、同年3月2日からの春季休業開始日までの間「学校保健安全法」第20条に基づく臨時休校の要請が行われました。その後、新型コロナウイルス感染拡大の影響を受け、4月7日に7都道府県を対象に緊急事態宣言が発出、同月16日には全国に適用、そして緊急事態宣言が解除される5月末まで臨時休校は延長されました。その間、休校中の児童生徒には、休校期間中の外出および登校を控えること、学校は臨時休校に伴い自宅で過ごす児童生徒およびその保護者と連絡を密にすること、そして本来の授業期間は学校が児童に何らかの学習の指示をする、としました。ただ、学校が各児童にどのような対応を行ったかについては、それぞれ直面している状況が異なることもあり、一様ではなかったようです。

新型コロナウイルス感染症による休校は世界中で行われたこともあり、その学力への影響を計測する研究が急速に蓄積されました。ただ、休校が学力に与える影響は様々であることがわかってきています。休校による影響に違いが生じるのは次の理由からです。第1に、国や地域によって休校の期間が異なることです。たとえば、オーストラリアは8週間、日本は12週間、イタリアは15週間、ブラジルは35週間、そして休校そのものがなかったスウェーデンと様々です。第2は、休校明けからテストまでの期間が国や地域によって異なるためです。第3は、授業開始月が国によって異なるためです。4月は日本では新学年に入ったばかりですが、9月スタートであれば学年の真ん中に当たります。第4は、今回のコロナ休校は多くの国や地域で突然だったため、分析に使用可能な学年や地域、試験科目にかなりの制約があったためです。

執筆時点での海外の研究を概観すると大まかには以下のように整理できます。学年別に影響の違いを見ると、低学年ほど休校によるマイナスの影響は大きいです。ただ、科目別では、国語に影響がある場合と算数に影響がある場合と様々です。

日本ではどうでしょうか。コロナ休校の影響を受け2020年度の『全国学力・学習状況調査』は実施されませんでしたが、その翌年度である2021年度の結果をまとめた国立教育政策研究所の報告によると、休校期間の長さと平均正答率には相関が観察されないとしています。

自治体データを活用した詳細な分析も行われています。コロナ禍以前より、多くの自治体で、自治体内の学力の把握あるいは学力向上を目指し、自治体独自のテストなどが実施されていました。そのような状況でコロナ禍に伴う休校措置がなされたことにより、同じ学年であっても休校を経験した世代とそうでない世代が生じることになりました。たとえば、2019年度に小学4年生と5年生だった児童は2020年度に休校を経験していますが、

2017年度に小学4年生だった世代は、同じ4年生から5年生の変化であっても、休校を経験していないことになります。このような差を利用することで、休校による影響を計測することができます。

浅川慎介・佐賀大助教と大竹文雄・大阪大特任教授は、奈良市のデータを分析し、休校時の学年が低いほど休校が学力に与えるマイナスの影響が大きかったことを示しています。筆者は浅川・大竹両氏とともに、尼崎市のデータを分析したところ、休校から7カ月が経過した時点で、国語と算数の学力スコアは低下したこと、その影響は低学年およびコロナ休校と中学進学が重なった小6にあったことを発見しました。休校から19カ月が経過しても、その影響は回復せず休校前よりも悪化したこと、そして学力下位層ほど休校によるスコアへの悪影響があったことを確認しています。

休校であることはその期間の子どもの対応は家庭が行うことになります。家庭を通した影響を検証した研究を紹介します。小林庸平氏らは日本財団の調査を用い、コロナ休校時に家庭における子どもの時間の使い方を分析しました。分析結果によると、休校期間中にメディア視聴時間の増加が観察されました。その増加傾向は一人親世帯が最も大きいという結果になり、世帯構成により差があったことを発見しています。

高久玲音・一橋大准教授と横山泉・一橋大教授は、休校により子どもを家庭で見なければならなかった場合と、そうでない場合で、母親や子どもに与えた影響が異なるかを検証しました。小中学校は一斉休校でしたが、一方で保育所などは一斉休校対象から除外されていました。子どもが小1の場合は家にいますが、子どもが年長の場合は家にいないことになります。つまり、子どもの生年月がわずかに異なる、具体的には月齢89カ月を越えるか否かだけで、子どもが家にいるかどうかが異なることになります。月齢89カ月あたりの子どもの発達度合いはほぼ同等といえます。著者らは約1万5000人の既婚女性への独自webアンケートに基づき、休校が子どもと家族に与えた影響を分析しています。子どもが家にいる場合の母親は、子どもの体重が増加したと考え、子育てが不安とした回答割合も上昇しています。ただ、DVの発生率や婚姻満足度に変化はなかったようです。

休校は学校での教育機会を失わせることになりますが、一方でオンライン教育により教育機会を確保することができます。ただ、全ての子どもに同じようなオンライン教育機会があったわけではなかったようです。赤林英夫・慶応大教授らは、コロナ期間中の学校内外のオンライン学習の経験を把握できる調査を分析し、私立に通う子どもや高所得や高学歴な親の家計の子どもはオンライン教育機会や経験に恵まれていることを発見しています。山口慎太郎・東大教授らは、オンライン教材サービスのデータを分析し、休校後にオンライン教材による学習の継続が確認されるものの、休校以前にオンライン環境が整備されていない家庭のオンライン学習時間は短い点を発見しています。

コロナ禍を契機としたショックは、教育における家庭と学校の役割を再認識させたと言えます。つまり、家庭と学校教育は相互に関連しています。もし学校教育が提供されない場合は、家庭がそれを代替あるいは学校外教育に振り分けることで対応します。言い換えると、家庭や学校外教育に振り分けることができない家庭の子どもにとって、学校教育はセーフティーネットの役割があると言えます。学校教育はどの程度スキル形成にとって重要であるかを考える必要がありそうです。

第3章

学校の仕組みを経済学で考える

第1章で教育は投資であることと学校教育の役割を説明し、第2章で家庭と学校教育がスキルを形成する（人的資本を蓄積する）うえで重要であることを説明しました。スキル形成は、教育の生産関数の枠組みに従えば、本人の過去のスキル形成、家庭資源と学校資源で決まります。本章では学校資源に注目し、学校教育における様々な仕組み、状況を取り上げ、それらがスキル形成とどのように関わるかを説明します。具体的には、学級規模（クラスサイズ）、同級生、そして教員の役割です。

1　学級規模（クラスサイズ）

学校資源は政策によって変化することがありますが、その中でも注目されるのは学級規模（以下、クラスサイズ）縮小の効果です。クラスサイズの変化は教員定数と予算の関係から政治的に関心が強い政策だからです。クラスサイズ縮小の効果はどのように評価されているでしょうか。

クラスサイズ縮小の是非

クラスサイズに関わる、執筆時点（2023年）の制度を確認します。日本においてクラスサイズは、義務標準法（公立義務教育諸学校の学級編制及び教職員定数の標準に関する法律）の学級編成の標準に基づき決まります。小学校において同学年35人の児童で学級を編成し、中学校においては同学年40人の生徒で学級を編成するとしています。ただし、複数の学年を1つのクラスにする場合や特別支援学級については異なる学級の編成が可能です。

地域によりクラスサイズは若干異なることがあります。国の義務標準法に基づく標準を踏まえて都道府県教育委員会は学級編成の基準を設定しますが、その基準を踏まえ、そして実態に即して市町村教育委員会は実際の学級編成を運用するからです。なお、政令指定都市の場合は、国が定める標準を踏まえ実態に即して学級編成を設定します。

学級編成の標準は、教職員定数と関連します。教職員定数は基礎定数と加配定数からなります。文部科学省の資料によると2020年度で68・6万人の教職員定数のうち基礎定数は63・3万人、加配定員は5・3万人です。教職員定数の大多数を占める基礎定数は、校長、副校長・教頭・教諭、養護教諭に加え、少人数指導などの追加的な教諭からなります。基礎定数は学級総数にある乗数が乗じられて決まります。たとえば、6学級ある小学校の場合、副校長・教頭・教諭の人数は、学級数×1・292であり、6×1・292＝7・75人です。これをたとえば、学級担任を6人、加えて1人を専科指導員として配置し、0・75人（＝3/4）は4校に3校で副校長・教頭を配置することができます。ここに、指導方法の工夫改善や児童生徒支援を担当する加配教員が加わります。

このように、クラスサイズは、学級編成の標準に基づき、児童生徒数と教職員数と相互に関連することもあり教職員数は財政上重要な意味を持ちます。義務教育費でもっともシェアが大きいものは教職員の人件費です。義務教育は日本国憲法で無償だと定められており、教職員の給料は地方自治体の一般財源からだけでなく国からの補助金である義務教育費国庫負担金からも支えられています。つまり、クラスサイズの標準は何人の先生を（税金で）雇用するかに関わります。したがって、クラスサイズの縮小は教員定数の変化を意味するため、極めて財政的な問題になります。

国際的に見ると日本のクラスサイズは大きいとされます。2021年のOECDの統計によると、国公立での初等教育における学級あたり生徒数は、チリの31人についで、日本は27人と2番目に高いです。

実は、学級編成の標準は時代により変化してきました。1959〜1963年度は50人、1964〜1978年度は45人、1980年度以降は40人、ただし1981年度から小学校1年生は35人です。また、地域で柔軟な編成が可能となったため、地域によりクラスサイズは若干異なることがあります。

クラスサイズが小さいことはいいことでしょうか。教育の生産関数に基づくと、クラスサイズの縮小は教育資源の質の向上と考えます。質の高い教育資源の追加的な投入により教育のアウトカムが上昇すると考えられます。このクラスサイズ縮小による教育資源の質向上の関係をエドワード・ラジアー・スタンフォード大教授はモデル化しています。モデルの要点は次のとおりです。子どもはある確率pで勉強に集中し、それ以外は勉強に飽きて遊び出すとします。勉強に飽きて遊び出すとはたとえですが、子どもたちがこの行動をとれば先生はそれに対応するための時間を使ってしまい、勉強を教えるための時間が失われる状況です。クラスの規律を維持するために実質的な授業時間の減少というコストを支払う状況です。

たとえば35人のクラスの状況を想定します。一人一人は99％の確率で勉強に集中しますが、クラス全体が集中するのは、互いが独立としても約70％（0・99の35乗）です。もし18人クラスであればクラス全体が集中するのは、約83％（0・99の18乗）です。クラスサイズが小さいと1人1人の子どもに対し、きめ細かい指導が可能だという感覚と近いものです。
このモデルはまたクラスサイズ縮小効果がグループにより異なる可能性も示唆します。たとえば、小さな子ほど「手がかかる」（pが小さい）場合、クラスサイズの縮小による勉強時間確保の効果は大きくなります。すると、小学校1年生でクラスサイズを縮小する効果は高校1年生でクラスサイズを縮小する効果よりも大きい可能性があります。

以上をまとめます。日本は、長期的にはクラスサイズが小さくなっているものの、国際的に見て依然として大きいとされます。クラスサイズは教職員定数とかかわります。政策的・財政的な観点からは、クラスサイズの縮小ひいては教職員数の増加による財政的な費用に対し、プラスの効果がどれほどあるのかが重要な関心ごとです。その際、クラスサイズの縮小はきめ細かい指導が可能となりますが、その効果は様々な状況により異なる可能性があります。これらを踏まえると、クラスサイズの縮小が子どもに対してどのような効果を持つのかは、エビデンスから確かめる必要があります。

効果検証は容易ではない

クラスサイズの影響を計測するのは必ずしも容易ではありません。大人数のクラスに所属する児童生徒の平均的な学力と、少人数のクラスに所属する児童生徒の平均的な学力を比較したとしても、その結果はクラスサイズと学力の真の関係を示しているとは限りません。所属するクラスサイズに応じて、観察できない学校外での教育投資を変化させる可能性があるからです。理想的には、少人数クラスに所属する児童生徒の学力と、同じ児童生徒がもし大人数に所属するときの学力の差を比較する必要がありますが、そのような比較は困難です。このような問題をどのように解決するかが論点となります。この点は次節で説明します。

次に、検証するためのデータの問題があります。集計した値では何が起こっているかがよくわからない問題があります。そのため、児童生徒の情報が望ましいですが、第2章で説明したように日本において児童生徒の情報へのアクセスは容易ではありません。

さらに、どのような指標で評価するかの問題もあります。アウトカムですぐに思い浮かぶのはテストスコアです。ただ、クラスサイズの縮小の効果を学力のみに求めるべきかの問題があります。少人数でのきめ細かい指導により、非認知スキルに対し影響を与えるかもしれません。

効果の検証方法

少人数クラスに所属する場合とそうでない場合の児童生徒の学力を比較することは、クラス規模の差だけではなくデータには現れない特徴の差を反映している可能性があります。理想的には少人数クラスに所属する児童生徒の学力と、同じ児童生徒がもし大人数クラスに所属する場合の学力の比較が必要ですが、そのような比較は困難です。この問題を解決する1つの方法はランダム化無作為試験を用いることです。つまり、あるグループをくじ引きなどで少人数クラスと大人数クラスに分け、その後のアウトカムを比較する方法です。くじ引きでわけられた2つのグループは、平均的に見ると性別などだけではなく観察できない学校外での教育機会が似ているはずなので、もし両者のアウトカムに差があるとすれば、その原因はクラスサイズの違いと言えます。しかしながら、このような社会実験を実施することは実際には困難です。例外的に、1985年に米国のテネシー州で実施された大規模な社会での実験のSTAR（Student – Teacher Achievement Ratio）実験があります。この実験は、80の小学校の児童の約一万人が参加し、それぞれを小規模なクラス編成（7～13人程度）、中規模なクラス編成（22～25人）、中規模なクラスに補助教員を配置したクラスに無作為に振り分け、その後の教育成果を観察するというものです。

実験による分析は通常困難であるため、実際に観察されるデータによる分析が行われています。その1つの方法は学級編成ルールを利用するものです。学級編成ルールとは、クラス編成が40人など特定の上限を持つものです。たとえば、1学級は40人上限で編成されるとします。もし入学人数が40人ならば40人の1クラスですが、偶然の理由で入学人数が41人になると、20人と21人の2つのクラスに分割されます。入学人数がそれぞれ40人と41人の2つの学校群は限りなく近い性質を持つなら、擬似的な実験の状況になり、両者の学力の差はクラスサイズによる差と見なせます。学級編成ルールは様々な国で存在していることから、この方法を用いクラスサイズの分析を行う研究が多く存在します。

実際に観察されるデータで分析するもう1つの方法は人口動態の変化を利用するものです。たとえば、地理的な要因から1つのクラスを編成するのに十分な人数は確保できなければ、自然と小さなクラスが編成されます。小さく編成されたクラス同士を比較し、クラスサイズの影響を分析する方法です。

エビデンスの紹介

米国で実施されたSTAR実験のデータを分析した一連の研究によると、小規模なクラス編成（7～13人程度）は中規模なクラス編成（22～25人）と比較し、学力スコアが高いことが明らかとなっています。この効果は中規模なクラス編成に補助教員をつけた場合よりも大きいようです。この一連の研究により、小規模なクラス編成には一定の学力向上効果があると考えられています。

学級編成ルールを利用した擬似実験の研究の最も有名なものは、アングリスト・MIT教授とラビー・ウォーリック大教授のイスラエルのデータを用いた研究です。この研究によると、クラス編成ルール（イスラエルではマイモニデスルールと呼ばれる）を利用し、編成上限の人数前後でクラスサイズが急激に変化した周辺を比較し、クラスサイズの縮小は学力スコアを向上させる結果を得ています。この研究を契機に、世界中で同様の方法を用いた研究が蓄積されています。ただ、これらの研究を集め比較した研究によると、全体的に見ればクラスサイズ縮小による学力向上の効果はほとんど見られない点を指摘しています。ただ、低所得層など一部のグループに対しては一定の効果がある点も指摘しています。

日本のデータで学級編成ルールを利用した研究を紹介します。赤林英夫・慶大教授と中村亮介・関東学院大准教授は、情報公開請求により横浜市の学校別のデータを分析し、クラスサイズ縮小は学力スコアに強い効果を持たない点を発見しています。

北條雅一・駒澤大教授と妹尾渉・国立教育政策研究所総括研究官は中学生の全国学力・学習状況調査とその保護者票を利用しクラスサイズ縮小の学力への効果を分析しました。分析結果によると、平均的な効果は必ずしも大きくないことを示しています。ただし、その効果はグループによって異なることも発見しています。保護者票にある父親と母親の学歴、年収の情報から社会経済背景（Social Economic Status：SES）尺度を作成し、SES尺度が低いという意味で経済的に不利な生徒へのクラスサイズ縮小効果が観察されることを発見しています。

特定の自治体から提供されたデータを解析する研究もあります。伊藤寛武氏、中室牧子・慶大教授、山口慎太郎・東大教授らはある都道府県の公立学校の小4～中3の児童生徒パネルデータを分析し、学校固有の特徴を統計的に制御しても、クラスサイズ縮小の学力への平均的な効果は観察されないことを発見しています。田中隆一・東大教授は足立区の児童生徒パネルデータを分析し、クラスサイズ縮小の児童生徒の学力の伸びに与える効果は、クラスサイズを半減させたとしても平均的には1～2カ月分の学習効果だと発見しています。

もちろん特定の自治体の結果であるため他の自治体においても同様の結果が得られることを検証する余地はまだ残っているのですが、今のところクラスサイズ縮小が学力に与える効果は大きくない可能性があります。ただ、経済的に不利な生徒への効果は大きい可能性を考慮すると、全国一律で適用するより対象を絞ることが重要かもしれません。

クラスサイズの縮小は学力以外に影響するでしょうか。前述した公立学校の行政データを用いた研究では、クラスサイズの縮小が非認知スキルへの効果を検証していますが、学力と同様に統計的に意味のある効果は観察されていなかったようです。2003年のTIMSSを分析した二木美苗氏の研究では、クラスサイズ縮小はスコアを必ずしも引き上げないものの、数学への興味を引き上げる点を発見しています。北條雅一・駒澤大教授の2019年のTIMSSによる分析でもほぼ同様の結果を得ています。及川雅斗・早大助教らは、インフルエンザによる学級閉鎖の事例を足立区の児童生徒パネルデータで分析し、クラスサイズの縮小はインフルエンザ蔓延防止に効果的である点を発見しています。クラスサイズは多面的に評価されるべき事例かもしれません。

残された論点

このようにクラスサイズがテストスコアなどに与える影響は観察されないか、あるいは影響が大きくないエビデンスが多いようです。ただ、残された論点は2つあります。

第1は、学校資源と家庭資源の相互作用です。今、クラスサイズの削減が直接子どものアウトカムを高めるとします。さらに親が子どもの宿題を手伝うこと自身も直接子どものアウトカムを高めるとします。このとき、クラスサイズの削減に反応して、親が子どもの宿題を手伝う時間を減らすとすれば、全体としてはクラスサイズの削減が子どものアウトカムを高める効果を小さくしてしまいます。一方で、クラスサイズの削減に反応して、親が子どもの宿題を手伝う時間を増やせば、全体としてはクラスサイズの削減が子どものアウトカムを高める効果を大きくします。

スウェーデンのクラスサイズの上限を利用した研究によると、クラスサイズ縮小に反応し親が子どもの宿題を手伝う時間を減らす傾向があります。ただし、その傾向は所得階層で異なることも発見しています。具体的には、高所得な家計では親が子どもの宿題を手伝う時間を減らす一方で、低所得な家計は宿題を手伝う時間を増やしも減らしもしないようです。ただ、親の関与は減りますが、子ども自身の勉強時間は増えていることが報告されています。

第2は、長期効果です。クラスサイズ削減の影響は、長期間にわたって影響を与える可能性があります。その際、どのような教育を受けたかと、その後の状況をできるだけ正確に把握するために、行政データが用いられています。海外の研究によると、クラスサイズ削減効果は、高等教育への進学、成人後の所得に影響を与えます。また、本人の犯罪を抑制する効果を検出している研究もあります。日本では、そのような行政データの利用は困難なため、長期効果は十分に検討されていません。

クラスサイズの設定は教育政策の中でも重要であることは論をまちません。そのためにクラスサイズの設定は様々なエビデンスに基づき判断される問題と言えます。

2 ピア効果

「朱に交われば赤くなる」、「鶏頭牛後」、「井の中の蛙大海知らず」など、集団の中の個人を示すことわざは多くあります。実は、集団の中で、周りが個人に与える影響は、ピア効果として教育経済学研究では重視されています。本節ではピア効果が教育経済学においてどのように分析されているかについて紹介します。

仲間は重要

ピア効果は学校資源のうち、同級生の持つ役割といえます。同級生が学校資源とは奇妙な表現ですが、次のように考えます。40人のクラスという枠があるときに、そこに所属するメンバーを決める方法を学校は決めます。全く無作為に決める方法、背の高い順に決める方法、同一の性別だけで決める方法、成績順に決める方法と様々です。成績の近いグループだけでクラスを編成するのは「習熟別クラス」であり、同一の性別だけで編成するのは「男女別クラス」です。このようにクラス内のメンバー構成を決めるのもある意味での学校資源の調整と言えます。

クラス内のメンバー構成が重要なのは、ピア効果が重要だからです。ピア効果とはクラスメートから受ける影響のことです。たとえば優秀なクラスメートがいれば勉強を教わったり、刺激を受けたりすることで、勉強ができるようになる効果です。ピア効果はプラス面ではなく、マイナス面もありえます。たとえば、不真面目なクラスメートの影響で勉強をしなくなることもありえます。

ピア効果はクラスメートの特徴と行動の結果からの影響と考えます。クラスメートの特徴とは、たとえば、性別などであり、クラスメートの行動の結果とはテストスコアなどです。男女別のクラス編成はクラスメートの特徴からの影響を強調したもので、習熟別クラス編成はクラスメートの行動の結果からの影響を強調したものと言えます。厳密には違いはありますが、ここでは両者を特に分けずに議論します。

ピア効果は、クラスメートから受ける影響ですが、その効果は単純ではないことがわかっています。たとえば、優秀なクラスメートからのピア効果を受けることを期待し、優秀なクラスメートが多い学校に入学することを考えます。確かに良いクラスメートから良い刺激を受けて勉強を熱心にする個人がいるかもしれません。一方で、優秀なクラスメートばかりに囲まれる状況に自信を失う個人もいるかもしれません。つまり、自分の相対的な順位が重要である状況です。この場合は、必ずしもピア効果は良いとは限りません。

ピア効果を考える意味

ピア効果は、教育経済学だけではなく労働経済学でも重要視されているものです。労働経済学においては、ある個人の生産性が別の個人の生産性に波及するルートを考えます。メンバーにより個人の生産性がどの程度左右されるかを明らかにすることは、一緒に働くメンバーをどのように配置すべきか、職場環境をどのように整備すべきかに関わります。

教育の文脈では、クラスメートの学力などをはじめとした特長が、他のメンバーに波及するかを考えます。クラスメートによってクラスメートの学力がどの程度左右されるかを明らかにすることは、クラスメートの決め方に影響を与えます。

クラスメートの決め方は政策的にも重要です。たとえば、クラスサイズを40人から35人に縮小しようとした場合、教員定数との関係から追加的な教員雇用というコストが発生します。一方で、クラスメートの決め方を無作為なものから習熟度別に変更することは、追加的な教員雇用なしに行えるかもしれません。仮にクラスサイズ縮小の効果と習熟度別クラス編成が、生徒の学力に与える効果が同じであっても、費用対効果の面から見ると習熟度別が望ましくなります。さらに言えば、同じようなメンバーだけで構成されるクラス運営のしやすさから、クラスサイズ縮小の効果にも影響を与えるかもしれません。

ただ、労働生産性を高めるための職場環境の整備と似て非なる部分として、教育では学力以外への影響も考慮する必要があるかもしれません。学力以外には、他者に対する考え方への影響があるかもしれません。習熟別や同一性別のように、「似たようなクラスメート」と交流することは、確かに交流しやすい側面があります。一方で、多様性を受け入れるような人材教育を重視しようとすれば、異なる背景を持つ個人との交流も必要かもしれません。

ピア効果の計測は難しい

ピア効果の計測は、因果関係の識別の困難さとデータの利用可能性から簡単ではありません。ピア効果は、ある個人が他の個人の特徴や行動の結果から影響を受ける状況と説明しました。ある個人のアウトカムの決定に対して、その個人以外の特徴との関係を統計的に確かめれば良さそうです。その個人以外の特徴を示す自分を除いたクラスメート平均テストスコアなどと、自分のテストスコアの関係を分析する方法があります。しかし、この方法では、相関関係は確認できたとしてもそれが因果関係であるかは自明ではありません。

選択（セレクション）問題と反射（リフレクション）問題はピア効果の検証を困難にします。選択問題とは、生徒自身がどの集団に所属するかを自分で選択できることから生じる問題です。たとえば、学業成績の優秀な学生は、同じように学業成績の優秀な学生の多い集団を選ぶ傾向にある状況です。反射問題とは、ある生徒の学力は周辺の生徒の学力から影響を受ける一方で、その生徒の学力が周辺の生徒の学力に影響を与えるという双方向の影響がある状況です。

選択問題の回避方法は実験的な状況を利用することです。たとえば、クラスメートが無作為に決まる状況です。あるいは、特定のルールの周辺で、非連続的にクラスメートの構成が異なる状況です。無作為あるいは限りなく無作為に近い状況で決まるクラスメートの構成が学力などに与える影響を観察する方法です。

反射問題の回避方法は観測時点をずらすことです。反射問題は同じ時点で発生する問題といえます。そのため、小学校3年生時点のクラスメートの影響が、小学校6年生のときに発生するかを観察する方法です。

仮に検証方法があったとしても、その検証に耐えるだけのデータが必要です。教育現場のピア効果は、クラスメートの構成によって決まるため、個別の生徒児童の状況だけではなく、それが複数のクラスで観察される必要があります。また、反射問題への対応を考えれば、同一個人を複数年追跡する情報が望ましいです。

エビデンスの紹介

海外では様々な事例から教育現場におけるピア効果を検証しています。その際、利用されるのは無作為にクラスメートが決まる状況です。たとえば、米国空軍の新入隊員の事例や大学の新入生のクラスが無作為に決まる状況、学生寮のルームメート割り当てが無作為に決まる状況などです。あるいは、学校の選択そのものがくじ引きのような状況で割り当てられる状況を利用した研究もあります。

割り当てが無作為ではなくても何らかの基準でクラス編成した状況を利用するものもあります。ルーマニアの事例では、習熟度別のクラス編成が全国テストなどの総合点で決まるルールを利用し、総合点がほぼ同じくらいにもかかわらず、わずかに基準を満たして優秀なクラスメートが多いクラスに所属した個人と、わずかに基準を満たさずにそのクラスに所属できなかった個人を比較しています。

日本の事例については多くありませんが、例外的な研究として中室牧子・慶大教授らの研究があります。この研究はピア効果の中でも「小さな池の大魚効果」を検証した研究です。「小さな池の大魚効果」とは、全く同じ学力テストの得点でも、グループ内で相対的に上位に位置するとその後のパフォーマンスが向上するが、グループ内で相対的に下位に位置するとその後のパフォーマンスが向上しない状況です。この研究では、埼玉県の学力・学習状況調査の個票データを用い、小学校で相対的な順位が高いと中学校時点での学力スコアが上昇し、それは自己肯定感の向上を通して生じる可能性を発見しています。

多様性の重視はインクルーシブ教育の側面からも重要です。この点についてはラオ・ハーバード大准教授のインドの研究事例が示唆的です。インドでは、教育改革により2007年以降エリート私立校に経済的に不利な学生が入学しやすくなる制度変更が行われました。加えて、入学後にクラス内において、グループワークのメンバーをアルファベット順にするような学校が複数存在していました。このことは、経済的な状況が異なるためにこれまで交流のなかった生徒同士が、強制的に関わりを持つようになったことを意味します。その結果、経済的に豊かな生徒は、より社会的、寛大、そして平等主義な考えを持ち、経済的に不利な学生への差別的な意識が減ったことを発見しています。

海外の事例や働く場においてピア効果は重要であり、また一様でないこともわかっています。海外の文脈がそのまま日本に適用できるのか、成人の状況が子どもに当てはまるのかは自明ではありません。そのため、日本の教育現場での検証が必要です。日本の教育現場では、公平性の観点から、特段の理由がない限りはクラス編成を無作為に決めようとすることが多いはずです。また、五十音順で名簿を作成するかどうかや、席替えなど、無作為にクラスメートが決まる状況は多いと思われます。その意味でピア効果を検証する土壌はあると考えられます。ただ、その検証のためにはデータ整備が必要不可欠です。

3 先生の重要性

教育経済学研究において学校教員は2つの意味で重要です。1つ目は、生徒児童のアウトカムに影響を与える「学校資源インプット」としての教員です。カリキュラムを整備しようが、クラスサイズを変化させようが、最終的には教員を通して生徒児童のアウトカムに影響を与えると考えるのが自然です。もう1つは、労働市場における参加者としての教員です。個人は、就労条件を加味しつつ、教員という職業を選択し、何時間働くかを決める、労働供給の問題に直面します。一方で、自治体などは、就労条件をもとに、何人の教員を雇用するかの労働需要の問題に直面します。つまり、労働供給と労働需要が交差する労働市場を考えることになります。

本節では、学校資源インプットとしての教員と労働市場における参加者としての教員について紹介します。それらを踏まえ、教員を取り巻く状況の変化について言及します。

学校資源インプットとしての教員の役割

第2章で、教育の生産関数という枠組みを紹介しました。改めて説明すると、教育の生産関数とは、インプットである学校資源、家庭資源とアウトカムである学力などの関係を定式化したものです。このうち、学校資源には学校への支出、クラスサイズ、建物、設備そして教員の存在があります。教員は、インプットである学校資源の中でも最も重視されているものです。学校資源インプットとしての教員の役割を説明していきます。

教育の生産関数における教員の役割として以下の5点の特徴があります。第1の特徴は、学校生活における生徒児童と接する時間の長さです。小学校のように1つの学級を1人の教員が担当する学級担任制であれば、児童生徒と教員の接する時間は少なくとも年間の授業時間に匹敵します。教科担任制としても、1つの科目に関しては少なくとも年間の授業時間の長さだけ、接することになります。授業時間以外でも、休み時間、行事あるいは部活動を通して、場合によっては学校外でも交流を持つ可能性があります。これだけでも教育において、家庭と同様に教員の役割の重要性がわかります。

第2の特徴は、教員人数と労働時間の関係です。一般的に経済学において、生産過程における労働インプット量はマンアワー（人数×時間）で計測されます。これは24マンアワーというインプットを得るためには、3人×8時間でも4人×6時間でも同等であることを示します。この状況であれば、長時間労働を是正するために、一人当たりの労働時間を減らしてその分、教員を雇ったとしても元の状態を維持できそうです。ただ、そう単純ではない可能性があります。1つの可能性は教員という仕事の特性上、属人的な仕事となり、替えが効かない状況です。もう1つの可能性は、採用にかかる時間、一定の訓練の必要性などから、3人を8時間ずつ雇う場合と4人を6時間ずつ雇う場合でかかる費用が異なる状況です。これらの可能性は、長時間労働や非正規教員の増加と関連するため、後述します。

第3の特徴は、教員の質の重要性です。教員の質とは曖昧な表現ですが、生徒児童のアウトカムを向上させる生産性のようなものです。教員の質が異なれば、同じ1時間の授業であったとしても、生徒児童のアウトカムを向上させる大きさは異なります。教育経済学の様々な研究により、教員の質は短期的な生徒児童のアウトカム（テストスコア）だけではなく、長期的なアウトカム（成人後の賃金）と関連を持つことが明らかとなっています。質の高い教員をいかに見出すのか、教員の質をいかに向上させせのるかを明らかにすることは、政策的に重要な課題です。

第4の特徴は、教員と児童生徒の相性（マッチング）です。児童生徒と教員は人と人との関係であるため、相性も重要です。仕事の遂行において上司と部下の相性が重要なのと同様に、教室内においても教員と児童生徒の相性は重要です。相性は、教員の質と必ずしも同様ではない点に注意が必要です。平均的に「いい先生」は、誰にとっても「いい先生」とは限りません。もし相性が重要ならば、学級担任では相性が合わないときのリスクヘッジとして教科担任制が重要かもしれません。あるいは、教員自身が多様なキャリアを経験すること、そのような経験者を教員にすることが重要かもしれません。

第5の特徴は、ロールモデルとしての教員です。第1の特徴で述べたように、児童生徒にとって教員は、家族以外で最も接する時間の長い大人です。教員の振る舞いは児童生徒にとってのお手本となる可能性があります。たとえば、魅力的な授業を提供した数学教員に触発され、理数系の大学に進学する生徒がいるかもしれません。また、女性教員は自身の受けた高等教育を活かしたキャリアを積んでいるため、女性にとってのキャリアのお手本となる可能性があります。この点は、第5章において検討します。

このように、教育の生産関数において、教員は重要な役割を果たすと考えられ、教育経済学研究において最重要トピックの1つです。事実、英文の教育経済学のテキストには必ず教員の章がありその分量も多く、教育経済学研究を概観する文献でも後述する教員市場の分析を含め多くの章があてられています。残念ながら、執筆時点では、日本を対象とした研究は限られているものの、少しずつ蓄積されてきています。以下では、教育経済学における教員を分析する枠組みとエビデンスを紹介していきます。

教員の質の計測

教育経済学における教員の分析で重要かつ研究蓄積が盛んなトピックは、教員の質の計測とその決定要因の探求です。前述したように、教員の質は、生徒児童のアウトカムを向上させる要因として短期的（テストスコアなど）でも長期的（成人後の賃金など）でも重要です。教員の質をどのようにして正確に測定できるかがポイントとなります。次に、教員の質が正しく計測できたならば、その質を決定する要因は何か、質を向上させる方法は何かの探求が必要となります。

計測の考え方

教員の質はどのように計測できるのでしょうか。理想的な状況は、ある児童生徒が異なる教員と同じだけ時間を過ごしたときに違いがあるかを計測する方法です。しかし、この比較は通常困難です。同じ児童生徒は同時に異なる教員と時間を過ごすことはできないからです。

そこでよく似た児童生徒が異なる教員と同じだけ時間を過ごしたときに違いがあるかを計測する方法があります。よく似た児童生徒を見つけ出すのは、個人としては困難であれば、集団としてよく似た児童生徒を探し出します。その1つの方法は、生徒児童と教員の組み合わせを無作為に決める、つまり実験的な状況にすることです。この方法なら、児童生徒の特徴に依存せずに教員配置を決めることになるため、よく似た児童生徒に異なる教員が同じだけ時間を過ごすときの違いを把握できそうです。しかしながら、このような状況はなかなか起きないといえます。たとえば、「手のかかる」児童生徒を「指導力のある」教員のクラスに配置する可能性は否定できません。このように実験的ではない状況を前提として、教員の質を計測する方法が考えられています。

教員付加価値モデル

教員の質を計測する方法は、主として2つあります。1つ目の方法は、教員付加価値モデルアプローチです。付加価値とは「伸び」のことで、ここでは今年と来年の児童生徒アウトカムの差になります。付加価値モデルの考え方は、ある児童生徒のこれまでの経験（家庭や学校での状況）は、今年のアウトカム（たとえば、テストスコア）に反映されているため、今年のアウトカムを考慮することは、児童生徒の違いを考慮する（よく似た児童生徒の状況を作り出す）ことになります。その上で、今年あらたに経験する学校の状況（クラスサイズなど）、家庭の状況（所得の変化など）を考慮したあとで、来年のアウトカムが変化する部分が今年担当した教員が生み出した付加価値部分に相当します。これを複数の児童生徒と複数の教員の組み合わせを持つデータセットから計測することで、個々の教員の付加価値を推定することができます。実際にはこの考え方をベースとして、児童生徒の個別要因を考慮する方法や、アウトカムの変動を教員付加価値の変動で説明する方法など、統計的に洗練された方法で分析が行われます。

つまり、教員付加価値モデルで計測される教員の質とは、児童生徒のアウトカムを高める個々の教員の何かです。この何かが児童生徒アウトカム向上に貢献する部分はどのくらいであり、その何かはどのような教員の特徴と関連するかの分析がなされます。ただし、若干の注意点も必要です。

教員付加価値モデルで計測される教員の質の注意点は以下の通りです。第1に、教員付加価値モデルの計測は質の高いデータに依存する点です。児童生徒のアウトカムの伸びを計測するには、少なくとも2期間は同一の児童生徒を追跡する必要があります。また、伸びを計測するには、異なる時点や異なる学年で計測されたテストスコアが比較可能である必要があります。加えて、児童生徒が直面する学校の状況や家庭の状況の変化を把握することも必要となります。もし家庭状況の変化をデータから把握できない下で、教員付加価値を計測しても、それは教員の何かだけではなく家庭状況の変化も含んだものとなり、教員付加価値を正しく計測できません。

第2に、教員付加価値モデルは特定の時点の変化と特定のアウトカムにおける教員の質を計測したに過ぎない点です。児童生徒の伸びで計測できるのはたとえば、小学3年生から4年生の変化であり、4年生と5年生の変化は異なる可能性があります。また、算数のテストスコアの伸びから計測される教員の質と理科のテストスコアの伸びから計測される教員の質は異なる可能性があるだけではなく、テストスコアと非認知スキルへの影響は異なる可能性があります。また、テストスコアのように短期的な影響だけではなく、成人後の所得など長期的な影響を持つ可能性があります。

第3に、教員付加価値モデルで計測された値にバイアスがある可能性です。バイアスのある可能性は2つあり、1つは測定誤差で、もう1つは教員と生徒の組み合わせが無作為に決定されない点です。測定誤差とは、計測されるテストスコアには誤差が含まれており、そのような指標で付加価値のような伸びを計算すると、正しく計測できない状況です。教員と生徒の組み合わせが無作為に決定されないのは前述した通りですが、その状況はある学年のクラス間で生じる場合もあれば、学校間や地域間で生じる場合も考えられます。これは、どこまで考えても、教員と児童生徒の組み合わせは無作為に決まらない状況により発生します。

科目間差分アプローチ

教員の質を計測する2つ目の方法は、科目間差分アプローチです。科目間差分アプローチは、教科担任制を思い浮かべていただくとわかりやすいです。教科担任制の下では、たとえば、数学と理科で担当する教員が異なり、さらに数学と理科で異なるテストスコアの結果を入手することができます。科目間差分アプローチは、同じ児童生徒について、数学のテストスコアと理科のテストスコアの差と、担当する数学教員の特徴と理科教員の特徴の差の関係を計測する方法です。同じ児童生徒について異なる教科のテストスコアの差を取ることで、その児童生徒の持つデータで観察されないその児童生徒の特徴を取り除くことができ、限りなく似通った生徒児童が、異なる教員から教えられた場合のアウトカムの変化を計測することができます。

科目間差分アプローチは、教員付加価値モデルアプローチと比べいくつかの特徴があります。第1に、教員付加価値モデルアプローチは複数時点を追跡する情報を必要としますが、科目間差分アプローチは1時点のデータで分析できる点です。第2に、教員付加価値モデルアプローチはデータから観察できないが時間を通して変化する要因が教員の質指標に含まれるのに対し、科目間差分アプローチは1時点のデータであればそのような要因の影響を受けない点です。

ただし、科目間差分アプローチにも注意点があります。第1に、科目間差分アプローチで取り除ける要因は、科目間で共通する何かだけです。たとえば、数学と理科のテストスコアの差をとって取り除くことができるのは数学と理科で共通する学力のようなものだけで、「数学力」と「理科力」のような科目特有の学力や教員配置が無作為でなければ、それは科目間差分アプローチでも取り除くことができません。第2に、テストスコアを変化させるのは教員ではなく他の要因が重要な場合は、科目間差分アプローチであっても教員の影響を取り出せません。たとえば、(数学と理科でクラスメートが誰であるかという) ピア効果の程度が数学と理科で異なれば、この方法で計測した教員効果とピア効果を区別できません。

このように、教員の質を計測する方法として、教員付加価値モデルアプローチと科目間差分アプローチがあり、それぞれの方法を利用した研究が蓄積されています。いくつか海外の代表的なエビデンスと日本のエビデンスを紹介します。

教員の質と教育アウトカムの関係

教員付加価値モデルアプローチによる研究は米国に多いです。なお、教員の質とテストスコアの関係は、標準化された数値で表現されます。標準化とは、平均が0、標準偏差が1となるように変換する方法です。しばしば大学受験などで用いられる偏差値は、平均50、標準偏差が10になるように変換する方法で、この標準化の考えを利用しています。教員の質が1標準偏差変化するとは、偏差値が55から65に変化するイメージです。

米国ニュージャージー州の小学校6年生のデータを用いた研究によると、教員の質が1標準偏差変化すると、0・08〜0・11標準偏差ほどテストスコアが上昇します。テキサス州の小3〜中1の公立学校のデータを用いた研究によると、教員の質が1標準偏差変化すると、数学と英語のテストスコアは0・1標準偏差ほど上昇し、それはクラスサイズを10人減らす効果に相当すると推定しています。またテキサス州のデータを用いた研究は、教員の質にはバラツキが大きいことを発見しています。

日本でも行政データを活用することで教員付加価値を推定した研究があります。田中隆一・東大教授らは公立小学校2～6年生の児童と担任教員の組合せに関するパネルデータから教員付加価値を推定し米国の結果と近い結果を得ています。別の自治体の小中学生を対象とした行政データによる研究では、テストスコアだけではなくセルフコントロールなど非認知スキルへの影響も発見しています。

米国の研究では、教員の質は、短期的なテストスコアだけではなく、長期的な影響があることを発見しています。チェティ・ハーバード大教授らの一連の研究は、ニューヨーク市のデータから、教員付加価値モデルアプローチで教員の質がテストスコアに与える効果を推定しています。推定結果によると、教員の質が1標準偏差変化すると、0・08～0・09標準偏差分ほどテストスコアが上昇します。チェティ教授らはさらに、米国の租税データを利用し、学生時代の教員の質と、その後の教育アウトカムへの影響を推定しました。まず、教員の質が1標準偏差異なると、20歳時点での大学進学率は約0・49ポイント異なります。さらに、教員の質が1標準偏差異なると、28歳時点の所得は年間で約1 8 0ドル異なります。1

時点でみればたいした額ではないかもしれませんが、子どものときの教員の質は長期的に影響している可能性があること、そして生涯単位で計測すればそれなりの金額になる点、そして1人だけではなくクラスメンバー全員に影響を与えるとすれば、そのインパクトは大きなものと推計されます。

このように、教員の質は子どものアウトカムに無視できない影響をもたらすと考えられます。教員の質が重要であれば、教員の質はどのような要因で決定されるかの理解が必要となります。

教員の質は何で決まるのか

前項で見たように、教員の質は子どものアウトカムに無視できない影響を与えます。ただ、教員付加価値モデルアプローチで計測される教員の質は、教員が子どものテストスコアに影響を与える「何か」としかわかりません。この「何か」はデータから観察される教員属性と関連しているのでしょうか。この「何か」と関連する教員属性を明らかにするのは意味があります。たとえば、大卒と比べ大学院卒のほうが教員の質が高ければ、大学院での教育が教員の質向上に寄与する可能性があります。

教員の質を決定する要因を計測する方法は２つあります。１つ目の方法は、教員付加価値モデルアプローチで推定された教員の質と教員の属性の関係を調べる方法です。教員の学歴や経験などが、教員が子どものテストスコアに影響を与える「何か」をどのくらい予測するかを計測する方法です。２つ目の方法は、教員付加価値モデルアプローチや科目間差分アプローチを適用する際に、教員の属性も考慮する方法です。たとえば、数学と理科に関する科目間差分アプローチにおいて、数学教員と理科教員の教員経験年数の差を比較することで、教員経験年数の重要性を明らかにする方法です。

教員の質と関連する要因として何があるでしょうか。米国の研究によると、経験を積んだ教員は新任教員よりも質が高い、つまり経験の効果を確認しています。この傾向は日本の研究でも示唆されています。また、経験の効果は仕事による訓練を通して向上していくことも示されています。一方で、学位の影響は大きくない可能性があります。米国の研究によると、大学院卒と大学卒で教員付加価値に差がないことが明らかにされています。教員としての訓練や資格に関しても、明確な関連がないとしています。

教員の認知スキルや非認知スキルに関しては混在しています。スウェーデンのデータを用いた研究では、教員の認知スキルや非認知スキルが生徒のアウトカムに与える影響は大きくないものの、認知スキルや非認知スキルの相互効果は大きい可能性があること、教員の認知スキルは生徒間のテストスコアの格差を拡大する方向に作用し、非認知スキルは格差を縮小する方向に作用することを発見しています。また、PIACCやPISAを利用した国際比較研究によると、教員の認知スキル（数的なスキル）は生徒のテストスコアを0・15標準偏差高めることを発見しています。

教員の質と関連する要因を明らかにする研究は多く実施されていますが、実はその要因は教員の労働市場の問題と関わっています。教員の質として教員の経験年数が重要だと紹介しましたが、教員として何年働くか、言い換えると、いつ就職し、いつ辞めるかは、教員自身が決めることです。大学に進学し教員になるのか、大学院まで進学し教員になるのかも、教員になろうとする学生が決めることです。第1章で述べたように、進学するか就職するかは、教員としての給与などの労働市場の状況に依存します。そのため、教員の労働市場に関する理解が必要となります。次項では、労働市場における参加者としての教員の視点を紹介します。

労働市場における参加者としての教員

労働市場における参加者としての教員の視点を紹介します。教員の労働市場を考えるとは次のような状況です。教員になろうとする人は、あまたの職業の中から教員という職業を選択します。教員は、限られた時間の中から何時間働くか休むかを決めます。すなわち、教員の労働供給としての側面です。自治体側は、児童生徒数、クラスサイズを決めるルール、予算などから、何人の教員を必要とするかを決めます。すなわち、教員の労働需要としての側面です。教員の労働供給と労働需要より、「望ましい」教員の数や給与水準が決まります。「望ましい」人数より実際の人数が少なければ「教員不足」の状況が生じます。経済学で用いられる需要と供給の枠組みを用いることで、教員の長時間労働や教員不足の問題を考察する手がかりを得ることができます。

教員の労働市場の統計による把握

まずは、教員の労働市場を概観するために、統計を見てみましょう。学校教員の人数を把握する方法は2つあります。1つは『国勢調査』のように、個人への調査による職業の把握です。もう1つは『学校基本調査』のように、学校への調査による教員人数の把握です。両者は同じ情報を異なる角度から把握することができますが、調査の時期や調査方法の違いにより、数値は必ずしも一致しません。ただ、大まかな傾向を知ることができます。

『国勢調査』における２０２０年10月時点（抽出速報集計値）の数値によると、同じ時点の就業者総数５７６７万人のうち、教員は約１４３万人で全体の約２・５％という規模です。教員は、幼稚園教員、小学校教員、中学校教員、高等学校教員、特別支援教員、大学教員、そしてその他の教員からなり、最も教員の中でシェアが高いのは小学校教員の29・5％であり、高等学校教員の18％、中学校教員の16・2％と続きます。

『学校基本調査』における２０２０年5月時点の数値によると、小学校教員は47万１０１１人、中学校は29万１４４５人、高等学校は30万１８５８人です。同じ調査の同じ時点で設置者別の割合を見ると、小学校は国立0・5％、公立98％、私立1・5％、中学校は国立0・7％、公立88・7％、私立10・6％、高等学校は国立0・3％、公立67・3％、私立32・4％であり、多くは公的部門とりわけ地方公務員であるといえます。

統計からわかる学校教員の特徴は女性比率が高いことです。２０２０年の『国勢調査』によると、就業者全体の女性比率は45・3％に対し、教員全体では52・2％であり、うち小学校は62・8％、中学校は44・5％、高等学校は35％です。同じ時点の『学校基本調査』でも教員の女性比率は、小学校で62・3%、中学校で43・7%、高等学校で32・5%です。これは今に始まったことではなく、過去も同様です。1950年の『学校基本調査』によると、教員の女性比率は、小学校で49%、中学校で23・5%、高等学校で18・4%でした。このことは、教員の労働市場を考えるうえで、女性の就業意思決定問題を考慮する必要性があることを意味します。

統計からわかる学校教員のもう1つの特徴は兼務教員の増加傾向です。『学校基本調査』は教員を本務教員と兼務教員に分けています。本務か兼務かは原則辞令により判断され、本務教員は所属学校の専任の教員、兼務教員は本務教員以外の教員と区分できます。2000年時点で、小学校は約2%、中学校は約8%、高等学校は約18%だったのが、2020年時点で、小学校は約10%、中学校は約15・3%、高等学校は約24・1%と、兼務教員比率は上昇しています。ここ数十年間の日本の労働市場の変化の特徴である、非正規労働者の増加と似たようなことが教員の労働市場でも生じていると考えられます。

教員の待遇面を統計から確認していきましょう。日本の学校教員の労働時間は長いとされますが、それは様々な統計から確認できます。教員の時間配分を詳細に調査した『教員勤務実態調査』の2016年調査は小中それぞれ400校の常勤全員に対し、同年の10~11月の

7日間について、15分単位の日記形式で活動時間を報告してもらう統計です。教諭の平日の1日当たりの学内勤務時間は小学校で11時間15分、中学校で11時間32分です。10年前の同じ調査で、教諭の平日の1日当たりの学内勤務時間は小学校で10時間32分、中学校で11時間にくらべるとやや増加しています。

個人の活動時間を記録した『社会生活基本調査』の同じ年の職業別の統計からも学校教員の労働時間の長さはわかります。同調査の教員は学校教員以外のそれを含んでいることに注意が必要ですが、平日仕事のある日の仕事時間は約593分です。これは有業者で主に仕事をしている個人の485分より約100分長く、採掘作業者、運輸・通信従事者や技術者に次ぐ長さです。

日本の学校教員の労働時間は国際的にみても長いとされます。OECDが2018年に実施した『国際教員指導環境調査』(TALIS)によると、調査参加国48カ国平均の週当たり労働時間は38時間なのに対し、日本は56時間と参加国中で最も長いです。

公立教員の給与は『地方公務員給与実態調査』で把握でき、私立教員の給与は『賃金構造基本統計調査』で把握できます。2020年時点の公立教員の数値を例に特徴を見ていきます。給与月額に諸手当を加えた平均的な給与月額は小・中学校で約41万円です。一般行政職の平均は約40万円なので平均的といえます。ただ、この数値は学歴の差や経験年数の差を反映したものではありません。そこで、教育職と一般行政職の同じ大卒での経験年数ごとの平均給与額（賃金プロファイル）を比較してみます。厳密な比較には注意が必要ですが、おおまかな傾向は次のようです。

小中学校教育職と高等学校教育職の賃金プロファイルはほぼ重なります。一般行政職と比べると、どの勤続年数でも教育職の平均給与月額は高いです。経験年数を経るごとの平均給与月額の上がり方は概ね並行ですが、経験年数が15～20年あたりから一般行政職の賃金プロファイルがやや急になります。

教員の労働市場を考える枠組み

教員の労働市場を理解するための枠組みを紹介します。学校教員は、他の職業と同様に、労働供給と労働需要の関係によって、雇われる教員数とそのときの給与水準が決まると考えることができます。ただ、教育政策、人口動態や財政的制約から影響も受けます。これらの点を確認していきましょう。

教員の労働供給は賃金に対して反応すると考えます。労働者は自分自身が働いてもよいと思う賃金水準（これを留保賃金と呼びます）より高い賃金が提示されると働き始めます。留保賃金は人によって異なり、どのくらい稼ぐことに好みがあるかどうかで決まります。提示される賃金が低い場合、留保賃金の低い個人から働き始めます。提示される賃金が高くなれば、働いてもよいと考える労働者は多くなります。このように留保賃金の低い労働者から順番に並べていったときに、提示される賃金が高いと教員として働く人が多くなる状況を描写すると、教員の労働供給曲線は右上がりとなります。

教員として職を得るためには、教員免許を取得する必要があります。執筆時点では、たとえば普通教員免許を取得するためには、教員養成課程が設置されている大学等にて、規定の単位数を取得する必要があります。

このことは、教員供給は教員養成系学部の定員に影響を受けることを意味します。『全国大学一覧』によると、１９９０年代前半をピークに、教員養成系の定員数は減少しています。たとえば、１９９０年では定員の合計が約41万人に対し、教員養成系は2万1千人であったのが、２０１６年では定員の合計が約60万人に対し、教員養成系は1万1千8百人と規模が縮小しています。

職業選択としての教員

見逃されがちですが、教員供給は他の職業の動向の影響を受けます。職探しをする個人にとって教職は数ある職業の1つであり、教職の条件が他の職と比較して良いか悪いかが重要だからです。さらに、この職業選択は教員の質と関連します。この点を職業選択の問題から考察してみます。

大学生は卒業後に教員になるかビジネスパーソンになるかの問題に直面しているとします。大学生はそれぞれ異なったスキルを持っており、スキルが高ければ、高い給与を得ます。そして、同じスキルであれば高い給与を得られる職業を選択するとします。このとき、スキルと給与の関係、職業間で評価されるスキルの関係により、様々な帰結を生みます。

教員とビジネスパーソンで評価されるスキルは同じであるとし、あるスキルの水準を超えるとビジネスパーソンの給与は教員の給与より高くなる状況を考えます。この想定の場合、あるスキル水準より高いものはビジネスパーソンとなり、あるスキル水準より低いものは教員となります。すると、ビジネスパーソン平均的なスキル水準は教員の平均的なスキル水準より高くなります。この想定であれば、教員とビジネスパーソンの給与水準の変化により、教員の質が変化することになります。つまり、教員の質の向上を図ろうとすれば、教員の給与をビジネスパーソンの給与より相対的に高くすることが重要です。

教員とビジネスパーソンで評価されるスキルが全く異なる場合を考えてみます。つまり、教員として評価されるスキルは、ビジネスパーソンとして評価されるスキルと負の関係がある場合です。この場合は、教員になるのは教員のスキルは教員になれば高い賃金として評価されますが、ビジネスパーソンとしてはそのスキルは低い賃金として評価されます。教員スキルが高いものは教員となり、ビジネスパーソンスキルの高いものはビジネスパーソンとなります。この場合は、教員給与の絶対額の引き上げが教員の質向上に重要となります。

教員とビジネスパーソンで評価されるスキルが全く同じなのと、全く異なるのは極端な場合であり、実際には緩やかに関連していると考えられます。たとえば、教員として評価されるスキルはある一定水準まではビジネスパーソンで評価されるスキルと関連するが、一定水準を超えるとビジネスパーソンで評価されるスキルとほぼ関連しない場合です。あるスキル水準より高いものはビジネスパーソンとなり、あるスキル水準より低いものは教員となる点、教員の質向上には教員の給与がビジネスパーソンの給与より相対的に高いことが重要である点は、教員とビジネスパーソンで評価されるスキルが全く同じ場合と同じですが、相対的な教員の給与の引き上げは思ったほど教員の質を向上させるかは不明です。

いくつかの研究は教員の質と労働市場での条件の関係の重要性を指摘しています。フロリダ州の公立学校の児童生徒および教員のデータを用い、教員として就職するときの景気状況と教員の質の関連を分析した研究があります。教員付加価値モデルアプローチにより計測した教員の質と教員の経験との関係を調べ、不況期に採用された教員の質はそれ以外の時期に採用された教員の質よりも高いことを発見しています。

日本においては、都道府県パネルデータを用い、教員の質と生徒の学力や長期欠席との関連を分析した二木美苗氏の研究があります。この研究は、教員の質は教員採用試験倍率や平均的な教員給与と他の職業の平均給与の差に現れる点に着目した指標を作成し、その指標は学力スコアの上昇よりも生徒の長期欠席を抑制することを発見しています。これは間接的ですが、教員の労働市場の状況と教員の質の関係を明らかにしたと言えます。

女性の職業選択と教員

職業選択において、給与だけではなく給与以外の要因（福利厚生や労働環境など）も重要です。これは労働経済学における、補償賃金格差という考え方に対応しています。給与が高い代わりに労働環境の過酷である仕事と、給与は低いが労働環境は快適な仕事といったように、給与と労働環境のパッケージで仕事を選択する場合です。この場合、教員給与が他の職業より低いとしても、そのほかの労働環境たとえば長い期間同じ地域で働くことのできる条件が重要かもしれません。

これは、学校教員は他の職業と比べ相対的に女性比率が高いという特徴と関連していると考えられます。前述の通り、小中学校教員における女性比率は50%を超えています。また長期勤続という特徴もあります。2019年の『学校教員統計調査』によると、小学校教員の平均勤続年数は男性で17・7年、女性で16・5年、中学校のそれは男性で18・5年、女性で16・8年です。同じ年の『賃金構造基本調査』によると、大卒一般労働者で男性の平均勤続年数は13・4年、女性の平均勤続年数は7・8年です。他職と比較し平均勤続年数が長い理由は、金銭的な待遇面だけではなく、育児休暇がとりやすかったり、異動が域内であることにより女性にとって働きやすい労働環境である可能性があります。

教職が女性にとって働きやすい職業であるなら、労働市場における女性の雇用機会の変化は教員市場に影響を与えていると考えられます。実際、海外の研究では、女性の労働市場の状況の変化により、教職を選択する女性の傾向の変化が観察されています。米国の研究によると、労働市場における女性の就業機会の拡大により、女性とくに学力上位層の女性が教職以外の職を選択するようになったことを発見しています。

日本では教職に就くためには大学の教職課程を卒業する必要があるので、教職選択の傾向は学部の選択行動に表れるはずです。過去30年間で女性の大学進学率そのものも上昇しているので、女性の学部選択について、大学に入学した全女性の学部ごとの相対シェアを『学校基本調査』より計算します。１９８４年時点は人文系35%、教育系16・6%、社会科学系15・5%だったのが、２０１４年時点で人文系21・2%、教育系10・2%、社会科学系25・3%と、女性の学部選択は変化しています。これは１９８６年施行の男女雇用機会均等法などにより、女性の職業選択機会が拡大し、これまでは教育学部を選択していた女性が、経済学部など社会科学系を選択するようになった可能性を示唆しています。

教員の労働需要

教員の労働供給と同様に、教員の労働需要は賃金と関連しています。教員の労働需要は教員を一人増やしたときの生徒のアウトカムの増加分と、教員を一人増やした時の賃金支払いである費用との関係で決まります。教育の生産関数のインプットである教員数を増やすと生徒の教育アウトカムは増加しますが、その増え方は教員が増えれば増えるほど低下していきます。これはある大きなクラスを1人の教員で担当しているときに追加で1人教師を増やしたときの教育アウトカムの増加分よりも、同じクラス規模ですでに3人の教員で担当しているときに追加で1人教師を増やしたときの教育アウトカムの増加分のほうが小さくなる状況です。一方で、1人教員を増やすとそれだけ賃金という費用がかかります。その費用と教師を増やしたときの教育アウトカムの増加分が等しくなる分だけ、教員を需要することになります。したがって、教員の需要曲線は右下がりになります。

教員需要は、人口動態要因と政策要因に左右されます。人口動態要因で最も重要なのは、教育を需要する側である子どもの数で、現時点だけではなく出生人数からも影響を受けます。たとえば、2023年度中に出生した子どもは2030年度には小学校に入学し、2039年度には中学校を卒業します。事実、出生率の高かった団塊、団塊ジュニア世代が義務教育を受ける年齢になるときに応じて教員採用は増え、少子化に応じて採用数は抑制されたことが観察されました。

教員需要はまた、現在採用されている教員の年齢構成からも影響を受けます。『学校教員統計調査』によると教員の離職の大部分は定年であり、入職の大部分は新規採用です。現職者の高齢者比率が高ければ、将来の離職に備えて採用人数を増加させる可能性がありますが、若年者比率が高ければ、採用人数を抑制する可能性があります。日本全体の動向と同様に、教員の年齢構成は高齢化しているため新たな教員需要は増大する方向に作用しますが、少子化の進展により教員需要は抑制される方向にも作用します。

教員需要を規定するもう1つの大きな要因は政策要因です。本章の第1節で紹介したように何人の児童・生徒に対し何人の教員が必要かは学級編成ルールに基づきます。もし学級編成の標準が35人から30人に下がれば、それだけ教員が必要となります。カリキュラムの編成もまた教員需要に影響を与える可能性があります。日本では、授業時間やカリキュラムは学習指導要領によるガイドラインが定められています。たとえば、カリキュラムの編成により、データサイエンス科目が新設されるとすれば、それに対応可能な教員に対する需要を増大させます。

教員の労働市場の需要と供給

さて、教員の労働供給と労働需要の関係から、望ましい教員数と給与水準が決まります。

そして教員労働市場の給与調整メカニズムがうまく作用すれば、教員供給と教員需要にギャップがあったとしても、給与が変化してそのギャップを埋めてくれます。たとえば、もし教員供給が教員需要より少ないのであれば、教員給与が上昇することで、教員供給を増やし、教員需要を減らし、望ましい水準に落ち着きます。しかしながら、何からの理由で給与調整メカニズムが作用しなければ、需給のギャップは埋まりません。つまり、教員供給側にとっては供給を十分に誘発するほど給与は高くなく、教員需要にとっては教員費用が低いためにより多くの教員を需要します。その結果、教員不足の状況が発生します。これは長時間労働や非正規教員の問題とリンクします。

教員の長時間労働

経済学で用いられる需要と供給の枠組みを用いることで、教員の長時間労働の問題を考察する手がかりを得ることができます。本項では、教員の長時間労働の問題を考察します。

学校教員の業務

先ほど学校教員の労働時間は長いという統計を紹介しました。学校教員の労働時間は仕事内容と関連し、その内容は法で規定されています。

学校教員の仕事は授業、研修および管理業務です。授業時間は、小学校は学校教育法施行規則第51条で中学校は第73条およびそれらの別表にて標準が定められています。執筆時点では、小学校では年間850〜1015時間、中学校では1015時間です。研修に関しては、任命者の実施義務のある初任者研修、10年経験者研修および指導改善研修だけではなく、教育委員会や校長の職務命令による研修、勤務時間外に行う自主的な研修、職務専念義務の免除による研修があります。管理業務は校務分掌と称されており、カリキュラムなどの作成や保護者の対応など多岐にわたります。

一日あたりの時間配分の実態を2016年の『教員勤務実態調査』から確認してみます。教諭の1日当たり勤務時間数は11時間15分で、その内訳は、児童生徒に直接的に関わる業務の6時間59分、間接的に関わる業務の2時間13分、学校運営業務の1時間43分、外部対応の10分です。小学校と中学校は概ね同じような傾向ですが、中学校の場合、部活動など課外活動の分、労働時間はやや長いです。なお、2022年の同統計の速報値によると、労働時間はやや短くなっているようですが、それでも10時間を越えます。このように学校教員は授業だけではなく学校経営に関する多様な業務を行っていることがわかります。

長時間労働の経済学的論点

長時間労働がもたらす問題は深刻です。長時間労働をする個人への影響として、本人の健康状態やメンタルヘルスが悪化することが考えられます。健康状態の悪化は生産性の低下を招きます。しばしば、長時間労働における生産性と生産量の関係が混同されます。生産性は時間当たりに生み出す価値の大きさで、生産量は生産性に労働時間をかけて生み出された総量です。長時間労働により生産性が一定である、あるいは低下しなければ、確かに長く働くと多く稼げる可能性があります。ところが、長時間労働により生産性自体が低下すると、長く働いたところで期待される成果はありません。

長時間労働は様々な形での外部性を通して長時間労働をする本人以外にも影響を与えると考えられています。ここでの外部性とは自分の行動が他人に影響を与えることです。1つ目は家庭内で、配偶者や家族とともに過ごす時間が減少することへの影響です。2つ目は職場内で、上司や同僚が長時間労働することにより、職場内全体の労働時間が増加することです。また、長時間労働が健康を毀損することは、医療費の上昇という形でも、社会に対して影響を与えます。

学校教員の労働時間は業務内容の多様化だけではなく、賃金制度、教員自身の行動、および周辺からの影響も考えられます。賃金制度と労働時間との関係を規定するのは「公立の義務教育諸学校等の教育職員の給与等に関する特別措置法」（給特法）です。給特法は、教員の業務の特殊性から勤務自体の把握が困難なことから、ある一定の超過勤務時間を設定し、その超過勤務時間分を含めた給与を支給するものでした。超過勤務時間がそれほど長くない、あるいはない場合には、実質的な給与増を意味していました。ところが、超過勤務時間がそれほど長くなかった時代に設定されたため、超過勤務時間が極めて長くなった時代にはそぐわなくなり、実質的な給与減になりました。給特法は2021年4月1日より改正されました。多くの論者は、給特法により「定額働かせ放題」であることが長時間労働の要因である点を指摘しています。労働基準法においても超過勤務時間に対し、割増賃金が適用されます。それでは、賃金制度の変更は教員の残業を減らすことができるのでしょうか。

賃金上昇の影響

経済学の枠組みにおいて、賃金と労働時間の関係はやや複雑です。順を追って説明します。働き手は、休むことと消費することから満足感を得るとします。限られた時間を休むことと働くことにあてます。休むと収入はありませんが、働くと働いた時間に時給（賃金）をかけた収入を得て、その収入を消費に回します。

賃金の影響を見ましょう。働いていない状態（労働時間がゼロ）のときに自分自身が考える賃金水準を留保賃金と呼びます。その留保賃金よりもオファーされる賃金水準が高くなると働き始めます。働いている状態で、賃金が上昇したとします。そのとき相反する影響があります。1つは賃金が上昇することで休むことの費用が相対的に上昇する影響であり、労働時間を増やす方向に影響します。もう1つは賃金が上昇することで、実質的に収入が増えたような効果をもたらし、これまでと同じ時間働かなかったとしても同じくらいの収入を得ることができるため、労働時間を減らす方向に影響します。つまり、賃金の上昇が労働時間を増やすか減らすかは自明ではないことになります。

この賃金が上昇したときに、結果的に労働時間を減らすかどうかは、働き手が消費に重きを置くかどうかにかかわります。もし消費することに重きを置く場合、休むことで消費が減ることを嫌うため、賃金が上昇すると労働時間を増やそうとします。その結果、残業代を「稼ぐために」超過勤務を行うことになります。

賃金の影響を考えるうえでは、供給側だけではなく需要側も重要です。需要側にとって、賃金は新たに生産を行うことの費用にあたります。賃金の上昇は費用の上昇を意味するため、労働時間を削減させる方向に作用します。教員の労働インプットはマンアワー（人数×時間）ですが、採用にかかる費用などを考慮すると人数を調整することは時間ほど容易ではありません。つまり、教員への需要が増大し、すべき業務が増えたとしても、容易に人数を増やすことができないため、時間で調整することになります。あるいは、労働費用の高い「正規」から、「非正規」へ代替する方法も考えられます。

雇い手が労働需要を減退させるが、働き手が労働供給を増やそうとし、それに所定内給与や賞与が柔軟に調整されるならば、結局のところ労働時間が変わらない場合もあり得ます。

ただし、教員の賃金が上昇することは、他職に対する教職の相対的な魅力を高める可能性はあります。

結局のところ、賃金による調整だけでは、問題は解決するかどうかは自明ではありません。むしろ、教員の担う業務の見直しが必要だと考えられます。その動きの1つとして部活動指導の外注があげられます。

また、近年の労働経済学や行動経済学の知見を活かした対応も可能です。黒川博文・関西学院大准教授らは、ある企業のデータを用い、長時間労働をする労働者の性格特性を調査しました。長時間労働をする労働者は、先延ばし行動をとりがちだったり利他的であったりします。あわせて長時間労働を是正する介入の評価を行っています。休日をとることをデフォルトとした場合、長時間労働を是正することが可能なようであり、また上記の性格特性を持つ場合に、効果が期待できるようです。教員がそのような性格であるかは過分にして知りませんが、性格特性に応じた対策は必要です。また、田中万里・一橋大准教授らは企業のマネジメント体制が長時間労働是正に有効であることを、製造業を対象とした大規模な企業調査から示しました。これらの知見は一考の価値があります。

教員を取り巻く政策の変化

本節の最後に、教員に関わる政策の変化とその影響について考えます。教員に関わる政策は様々ですが、本節では学校マネジメント、教員の質向上に焦点をあてて考察します。

学校マネジメント

学校マネジメントの視点から参考になるのは学校長の役割です。2000年の学校教育法施行規則の改正以後、いわゆる「民間人校長制度」が導入されました。これは、地域や学校の実情に応じ、幅広く優秀な管理能力を持った人材登用ができるように校長資格要件が緩和を通して実施されるものでした。その結果、教員出身でない者の校長数は導入後の2005年時点では92人に対し、2018年時点では116人とそれほど増えていません。学校長とはどのような役割があると考えられているのでしょうか。

学校長の位置づけは「学校教育法」に規定されています。まず、第七条にて「学校には、校長及び相当数の教員を置かなければならない。」とあります。相当数は別途「公立義務教育諸学校の学級編制及び教職員定数の標準に関する法律」に規定されていますが、「校長の数は、小学校、中学校及び義務教育学校並びに中等教育学校の前期課程の数の合計数に一を乗じて得た数とする。」（第六条の二）の通り、各学校に1人です。

校長の職務は「校長は、校務をつかさどり、所属職員を監督する。」（学校教育法 第三十七条）とありますが、学校の経営目標設定、運営、管理、情報発信などの学校マネジメント全般です。また、2000年の学校教育法施行規則の改正に伴う省令によると、「……校長の職務の円滑な執行に資するため、職員会議を置くことができる」とし、職員会議は校長の補助機関として規定されたことから、校長の学校内におけるリーダーシップを発揮する土壌が整備されました。

教育経済学研究において、校長の役割を研究したものはいくつかあります。特に、教員の

「質」と同様に、校長の「質」が学校および生徒児童のアウトカムに与える影響について研究が進んでいます。校長の質が学校および生徒児童のアウトカムに与える経路は以下の4つがあると考えられています。第1は、教員の採用と配置、生徒の学内の配置、その他の学校資源の配分を通した経路、第2は、教員に対する教育方法の指導・励ましを通した経路、第3は、生徒への指導・しつけを通した経路、第4は、学校の目標設定と指導計画の作成などを通した経路です。とりわけ、企業経営と同様に管理施策（management practice）との関係に注目が集まっています。

このように、校長の役割が重要視されてきていますが、その効果を検証することは容易ではありません。第1に、教員の質と同じように、質の定量化が困難である点です。このような場合、教員付加価値を計測することが多いですが、第2に、校長の質は、固定的と限らず学校とのマッチング（相性）に依存する可能性です。着任直後よりは着年数年後に質が向上している可能性があります。つまり校長自身の持つ「能力」の影響と校長としての経験効果を区別する必要があります。いい校長を「連れてくる」のか、「育てる」のかで政策的な意味合いは異なります。第3に、学校の効果と校長の効果を区別する必要があります。校長のおかげでいい学校になったのか、いい学校にいい校長が着任するかでは意味が異なります。これらの検証のためには、校長だけではなく生徒児童に関して複数年にわたる情報が必要となります。

海外の研究では、校長の効果は様々だとされています。たとえば、カナダ・ブリティッシュコロンビア州のデータを用いた研究によると、生徒の卒業率と英語の成績への校長の効果は、校長自身の持つ「能力」の影響は小さいが、校長の経験効果は大きいようです。

日本ではデータの制約もありこのような研究は多くありません。そのような中、筆者は赤林英夫・慶大教授とともに、2013〜2017年の北海道の小学校について全国学調、学校基本調査、学校教員統計調査そして全国学校総覧データを用い、校長の効果を分析しました。学力スコアから計算した校長固定効果と校長自身の年齢、勤務年数などとは統計的に有意な相関は観察されません。さらに、校長付加価値モデルの結果によると、生徒のアウトカムに与える影響に校長間で差異がある証拠は見いだせませんでした。

教員の質向上

教員の質向上に関係する制度・政策は、教員育成、教員評価と給与の仕組み、そして教育実践方法の導入がポイントになります。それぞれ説明します。

教員育成に関するものとしては、教員養成にかかる教育課程、免許そして研修がありま す。執筆時点では、教員免許取得のためには大学卒業を最低要件としていますが、修士修了を最低要件とする方法が考えられます。執筆時点ではすでに廃止されていますが、２０１３年より導入された教員免許更新制もまた免許の取得あるいは維持に一定の要件を課す方法です。教員には様々な法定研修が課されていますが、この研修を増加させる方法もあります。

これらは確かに質向上に寄与するかもしれませんが、その効果は不明です。仮に一定の効果を持つとしても、これらの仕組みの導入は、教職を選択することの相対的なコストを引き上げることになります。その結果、教職が敬遠されるようになると、質を引き上げるような仕組みの導入が期待される効果を生まないかもしれません。

一方で、教職になるための費用を削減する方法も考えられます。執筆時点では、教員不足を理由に、必ずしも教員資格を要求しない、あるいはその要件を緩和する方法が考えられています。教員資格は教員に就業するための費用と考えられるので、その費用を削減するアイデアです。確かに資格緩和により多様な背景を持つ個人の教職の参入を容易にする効果が期待でき、短期的な供給を誘発する可能性はあります。しかし、多様な背景を持つものの教員としての訓練が不十分であれば、教員の質向上の観点からは期待される効果を生まないかもしれません。

教員の質向上のために、教員評価と給与の仕組みも重要です。たとえば、成果主義のように、子どもの学力向上に対応して、評価および給与を反映する方式です。実際、イスラエルの研究によると、教員の成果主義の導入により、児童生徒のテストスコアの上昇が観察されています。

このようなエビデンスがありますが、子どもの学力向上に対応し教員給与を変化させる方法については懸念もあります。第1に、児童生徒のテストスコアの上昇を正しく計測できるかの問題です。前述の通り、教員付加価値モデルアプローチを用いれば、児童生徒のテストスコアの上昇に対する教員の寄与分を計測できそうです。しかし、あくまで計測可能な範囲でのアウトカムであることなど、計測上の問題が残されています。第2に、教員の予期せぬ行動を誘発する可能性です。仮にテストスコアの上昇と給与が強く関連するのであれば、もっぱらテスト対策に従事することが起こりえます。極端な場合は、テストの改ざんを誘発します。改ざんまでいかなくとも、普段テストスコアの低い児童生徒をテスト当日に欠席するように誘導するかもしれません。あるいは、評価の対象となる学力向上のみに力をいれ、評価にはあまり寄与しない生徒指導などをおろそかにする行動を誘発しえます。第3に、個人で評価するのかチームで評価するのかの問題です。ある児童生徒のパフォーマンスの上昇は、特定の教員個人に帰するのではなく、関連する教員チームによるのかもしれません。その際、個人を評価することはチームの貢献を評価しないことにつながります。一方、チームで評価すると、他人の成果にただ乗りする可能性を誘発します。また、評価により給与に差をつけること自体が、チーム全体のやる気を削ぐ可能性があります。教員評価と給与の仕組みはこれらの懸念を十分に考慮した制度設計である必要があります。

最後に、教員の質と教育実践の関係です。教員の質は、教員経験や学位などの教員個人の属性だけではなく、教育実践の違いにより生じる可能性が示唆されています。たとえば、英語学校におけるリテラシーアワーと呼ばれる読書の教育実践の導入が生徒児童のテストスコア向上に寄与したケースや、シンガポールにおける数学教育実践方法を英国で導入し生徒児童のテストスコア向上に寄与したケースなどがあります。忍耐強さを促進する介入や、やり抜く力（グリット）を高めるようなトルコの介入実験もあります。また、海外ではグループ学習や黒板を用いた授業方法によって生徒の信念に与える影響に違いがあるかなどが分析されています。日本で開発された自己学習プログラムが、認知スキルや非認知スキルの向上に寄与したとする途上国の事例もあります。

このように様々な教育施策の効果検証が行われています。当然のことですが、教育方法は多様であり、教育の成果も多様です。おかれた環境、時代によって同じ教育方法が異なる成果を生むことは当然です。海外で成功した事例がそのまま日本に当てはまる保証はありません。だからこそ、どのような方法が、誰に対して、どの程度有効であったのかを、データを用い、厳密な方法で計測し続けることが重要です。

第4章

様々な教育政策の評価

本章では様々な教育政策を取り上げ、経済学から見た政策の意義や教育政策を評価したエビデンスを紹介していきます。ここで取り上げるのは、ゆとり教育、学校選択、奨学金、そして試験です。

1 ゆとり教育

「ゆとり教育」は否定的なニュアンスを持つ表現です。そもそも「ゆとり教育」とは高度成長期の時代での過密な授業内容への反省として「ゆとりある充実した学校生活」を目指し、その目標の実現のために学校教育内容の標準を定めた学習指導要領の改訂と対応したものです。学習指導要領には、教育内容や授業時間の標準が規定されており、学校教育はその標準に沿って実施されます。「ゆとり教育」の評価は、学習指導要領の改訂に伴って変わる授業時間やカリキュラムが与える教育アウトカムに与える影響から評価されるものです。本節では、授業時間やカリキュラムに関連する研究を紹介します。

学習指導要領と授業時間

学校教育内容を規定するものとして学習指導要領があります。学習指導要領を定める目的は、公平性と教育目標達成のための手段です。ここでいう公平性とは、どの地域で教育を受けても一定の水準を保つことです。義務教育である以上、居住地域によらず同じ教育水準を保証する必要があります。教育目標達成のための手段とは、何からの教育目標（たとえば、生きる力など）を達成するための大まかな教科内容と標準授業時間数を定めることです。学習指導要領はあくまで「標準」として定めるものですが、それぞれの学校はこの「標準」を踏まえ、それぞれの実態に応じてカリキュラム編成を行います。

学習指導要領は教育の生産関数のインプットのルールを規定するとも言えます。たとえば、授業時間の長さを決めたり、科目の内容を決めたりします。また、特定の科目の拡充や新設により、それらの科目を教える教師の数にも影響します。これらを通して、教育の量と質を変化させます。そのため、学習指導要領の評価は重要です。

学習指導要領は10年に一度改訂されます。学習指導要領の改訂により、授業時間や教える内容が変化します。１９６８年時点での小学校6年生の年間総授業時間は１０８５時間でしたが、１９７７年には１０１５時間に、１９９８年には９４５時間と減少していき、

2020年時点では1015時間に増加しています。このように学習指導要領が変わると授業時間も変化します。以下では、ルールを変更することで何が生じたかのエビデンスを紹介していきます。

授業時間はなぜ重要

教育の生産関数において、授業時間は重要な学校資源インプットの1つです。授業時間の変化は学校で受けるインプット量の変化を通して、学力などの教育アウトカムに影響を与えます。

授業時間の変化は、家庭での時間の使い方にも影響を与えます。授業時間が延びれば、その分だけ家庭で過ごす時間は減ります。家庭で過ごす時間の変化は、家庭資源インプットを変化させます。

学習指導要領改訂により授業時間数が増えると、一方で学校での時間が増えますが、他方で家庭での時間が変化します。家庭での時間の使い方は、それぞれの家庭が決めることなので、増えるとも減るともわかりません。その結果として、教育アウトカムにどのような影響があるかもまた自明ではありません。というのも、どのような教育アウトカムを考えるのか、学校と学校外でのインプットの質によって変わるからです。そのため、エビデンスによる評価が必要です。

授業時間の変化に関するエビデンス

筆者は小塩隆士・一橋大教授と末富芳・日大教授とともに、首都圏と近畿圏の中高一貫校のデータを用いて、教育の生産関数を推定しました。中高一貫校に着目した理由は、受験を経て入学した時点の「能力」を学校の「偏差値」の形で、アウトカムである成果を大学の合格実績で把握したうえに、各学校の特徴との関係を調べることができるからです。分析の結果、アウトカムである合格実績を説明する大部分は、入学時点の偏差値であることと、学校の特徴として授業時間の長さと相関がある点です。

ゆとり教育導入による授業時間の影響を計測した研究があります。菊地信義・内閣府経済社会総合研究所主任研究官は、学習指導要領の改訂による授業時間の変化が公立と私立で異なる点に着目し、授業時間の長さとアウトカムの関係を分析しています。１９８１年の学習指導要領改訂により、中学校での授業時間の総数が３２０時間減少しました。改訂前の世代である１９５２〜１９６２年生まれにはその影響はそもそもないですが、改訂後の世代である1968〜1974年生まれは授業時間が短くなっています。さらに学習指導要領の影響は主として公立校に影響を与え、私立の授業時間の変化は生じていません。生まれ年や出身校の公私の違いがわかる女性のパネルデータを分析して、授業時間が短いとその後の教育達成が低くなることを発見しました。

より広範に授業時間と学力の関係を示した研究もあります。茂木洋之・国立社会保障・人口問題研究所研究員と及川雅斗・早大助教は、TIMSSを用い教育の質と数学スコアの関係を分析しています。この研究の特徴は、2002年の学習指導要領改訂に伴い、数学と理科の授業時間が減少したことを対象としています。その上で、生徒と教師の組み合わせがランダムに決まることを利用し、教育の質によりその影響が異なるかについても確認しています。経験年数などで計測した教師の質の高さにより、授業時間の変化の影響が変わることを確認しています。

授業時間は意図せざることでも変化することがあります。海外の研究によると、天候不順、大雪、災害などにより、授業時間が減りその結果として生徒に影響を与えることが示されています。

それだけではなく、社会経済の変化により授業時間は変わります。川口大司・東大教授は、完全学校週5日制度の導入により、土曜日授業の削減による影響を分析しています。1988年に労働時間短縮を目指す労働基準法の改正により1週40時間労働が規定されました。その流れの中で、公務員の完全週休二日制が拡大されてきました。学校現場で働く教員もその例外ではないため、学校週5日制の導入が進められてきました。当初は、月1度の土曜日休業だったものが、2002年4月より完全学校週5日制度が導入されました。これは児童生徒にとって授業時間の削減を意味します。この変化を『社会生活基本調査』の2001年と2006年の調査で比較し、世帯主が高卒でも大卒でも土曜日の子どもの学習時間は減少すること、世帯主が大卒の場合は日曜日の勉強時間は増える一方で、世帯主が高卒の場合は日曜日の勉強時間が減るという時間の使い方に社会経済背景による差があったことを発見しています。さらに、学力を把握しているTIMSSと組み合わせて、学力への影響を検証したところ、やはり社会経済背景による差があったことを発見しています。

カリキュラムの影響

教育の生産関数に基づくと、学校教育の成果は認知スキルや非認知スキルの向上で評価されますが、その具体的な方法として何が効果的なのかは必ずしも自明ではありません。授業時間を増やしたとしてもその中身が伴わなければ、思ったような成果が得られない可能性があります。あるいは、授業時間を変化させなくても、教育方法を工夫することで成果があるかもしれません。また、第3章で紹介したように、教育方法は教員の質と関連します。そこで、どのような教育方法が有効かの検証も進んでいます。

学力向上を意図したプログラムの導入が、その目的を達成したかを検証する研究は数多くあります。そのタイプはいくつかに分かれます。1つ目のタイプは、既存の授業時間に追加する形で実施するものです。たとえば、算数の時間を倍にするものや国語の時間を増やすようなものです。2つ目のタイプは、高度な内容を教えるものです。たとえば、小学生に対し中学生の数学の内容を教えるようなプログラムです。3つ目は、補習教育です。特定のグループに対し、授業内容を補うようなプログラムの提供です。4つ目は、教育手法の変化です。たとえば、自己学習型のプログラムやそろばん学習などです。5つ目は、カリキュラムそのものの変化です。

大まかにまとめると、これらのプログラムの導入は、その意図通りの結果を生む場合、意図通りの成果が得られない場合、そして意図せざる結果を生む場合があります。いくつかを紹介します。

海外の研究によると、特定科目（数学）の授業時間を増加させるプログラムは、数学だけではなく読解力にも影響します。一方で、算数の先取り学習をさせるプログラムは、中学校女子には正の影響を持つものの、小学校女子に対して負の影響をもたらすようです。日本で開発された自己学習プログラムが、認知スキルや非認知スキルの向上に寄与したとする途上国の事例もあります。

日本では、足立区の補習教育（リメディアル教育）の効果を評価した研究があります。その研究によると、小学校3、4年生を対象にした補習プログラムにおいて、補習参加は国語のスコアを上昇させるが、算数スコアへは効果が観察されませんでした。筆者らは、尼崎市で導入されたそろばん教育の効果を検証しました。このプログラムは、教育特区の制度を利用し、総授業時間の枠組みは維持しつつ、総合の時間や算数の時間を減らし、計算課の時間を増加させる点、プログラムの導入時期が学校により異なる点に特徴を持ちます。分析の結果、そろばん教育により、算数だけではなく国語のテストスコアの上昇が観察されました。とりわけ、女子に対してその効果が大きいことが観察されています。

海外ではグループ学習や黒板を用いた授業方法によって生徒の信念に与える影響が違うこ

となどが分析されています。アルガン教授とカユック教授は、国際比較可能なデータを用い、授業方法の違いと生徒の信念に与える影響を分析しています。黒板を用いた授業方法に対し、グループ学習は、協調性など非認知スキルの向上に寄与しているようです。

忍耐強さを促進するトルコの介入実験も有名です。この介入実験は、小学校3、4年生を受け持つ教師への教育プログラムの研修で、将来のために我慢することで得られる報酬を想像させるようなケース・スタディからなります。具体的には、ある少女が自転車を購入するために貯金をしようとするが、短期的な誘惑によりそのお金を使うかの問題に対し、自転車を購入した未来と、購入できなかった未来を想像させるものです。このプログラムの介入を無作為に行い、効果を観察すると、介入により児童は忍耐強くなり、その効果は3年後まで続くというものです。

教科書の内容により政府への信頼が変わるかを計測した研究があります。2004〜2010年までの中国のカリキュラム改革を分析した研究によると、改訂教科書の導入が地域と世代により異なる状況に着目し、北京大学に通う大学生を対象に、新しい教科書の記載により政府への信頼が変化したかを計測しています。新しい教科書の記載とは、時の中国政府による実績を強調するような内容のことです。新しい記載に基づく教科書の採用は、地域により差があったため、同じ大学内でも学年や出身地が異なれば、異なる教科書の内容で学習してきたことになります。その違いを用いて分析したところ、新しいカリキュラムを学ぶことで、中国の統治に対して肯定的となり、民主主義に対する見方が変わり、自由市場に対する懐疑的な見方が強まることを発見しています。

伊藤高弘・神戸大准教授らは、日本における「隠れたカリキュラム」が、成人での価値観に与える影響を計測しています。「隠れたカリキュラム」とは、学習指導要領には定められていないような教育内容、教育手法や慣習のことです。たとえば、グループ学習、運動会での徒競争での順位付け、卒業式での国旗掲揚や国歌斉唱、読書の時間、5段階の成績表、同和教育、男女別の出席番号などです。伊藤准教授らは、独自のインターネット調査を実施することで、これらの教育内容や慣習には、地域差と時代差があることを発見しています。これらの「隠れたカリキュラム」の複数の項目から、共通項を取り出してくる統計的な手法を用いて、それらの指標と成人期の価値観との相関を調べました。たとえば、グループ学習などの「参加・協力教育」を受けると利他性や互恵性が高いことを示しています。

このように教育内容を規定するカリキュラム、とりわけ授業時間の変更は、社会に対し広範な影響があると考えられます。日本では、学習指導要領は十年に一度改訂されますが、過去の改訂がどのような影響を与えたかを、1つ1つ検証することが重要といえます。

2　学校間競争

公的教育の質に影響を与える学校間競争の議論を紹介します。公的な学校教育は人的資本を形成する手段の1つですが、その質の向上は重要な政策課題です。公的教育の質の向上を図る手段としてしばしば学校間競争の促進が挙げられます。学校間競争を促進する仕組みとその評価について紹介します。

学校間競争と公的教育

学校教育は公的に提供されることが多いですが、公的部門の宿命か、しばしばその質が問題になることがあります。民間と比べ公的部門は価格などの調整が行われにくいため、競争原理が働きにくいことが原因です。公立学校の質向上を目指し、学校間競争を促進することが目標とされることがあります。

日本における学校間競争の影響を知るためには、日本の教育制度において学校間競争をどのように捉えることができるかを踏まえる必要があります。その際、小中学校である義務教育なのか、高等学校なのか、大学や大学院を念頭に置くものなのかを分ける必要があります。さらに、学校を選択する側の家計の行動への影響なのか、教育を提供する側の学校への影響なのか、それらを含めた全体への影響なのかを分ける必要があります。

学校間競争を促す仕組み

学校間の競争を促す方法は、教育サービスの受益者である生徒にとって選択肢を増やすことです。選択肢を増やす方法は様々で、通学区域の拡大、バウチャーや授業料減免などの家計に対する金銭的補助、学校あるいは教育サービス提供者への補助あるいは規制緩和です。

これらはいずれも児童生徒の学校の選択肢を増やす方法です。通学区域の拡大は、ある居住地から選択可能な学校を増やす方法です。バウチャーは教育のみに利用可能な金券のことです。家計はバウチャーを利用することで私立と公立で負担する授業料が同じになるため、選択可能な学校は増えます。授業料減免あるいは無償化なども同じ作用を持ちます。学校あるいは教育サービス提供者への補助や学校設置の基準の緩和は、学校を設置することのコストを下げることで学校の参入を促し、選択可能な学校を増やすものです。

日本の教育制度を踏まえた学校間競争は次のように整理できます。義務教育である小中学校と高等学校においては、居住地域に基づく通学区域の設定と、無償である国公立と授業料の発生する私立との授業料の違いが関連します。通学区域を拡大することは選択肢を増やすことを意味し、授業料を無償化あるいは金銭補助をすることで、費用の公私差を埋めることで選択肢を拡大できます。教育サービスへの参入を促す方法は、通学区域内の学校数を増やす意味で関連する可能性があります。大学や大学院に関しては、居住地域に関わらず進学あるいは通学が可能であるため、授業料の違いが関連します。

なぜ学校間競争が教育の質を変化させるのか

なぜ学校間競争が促進されると教育の質が変化するのでしょうか。主に2つの効果が考えられています。1つ目はセレクション効果です。セレクション効果とは、選択可能な学校が増えることで、児童生徒は自分の特性に合った学校を選択することができるようになるものです。児童生徒と学校のマッチングが改善することを通し、教育の質が改善する効果です。これは、仲間から受ける影響であるピア効果の変化を通す場合もあります。学校の競争条件が変化すると、それにより入学する生徒の構成は変化します。ともに学ぶ仲間が変わることで、児童生徒のパフォーマンスが変化する場合です。

２つ目は資源効率化を通した効果です。競争に晒された結果、他の学校との差別化を図るために、学校は自身が持つ学校資源を効率的に活用しようとします。その結果、教育の質が改善する状況です。しばしば、「競争により質が改善する」主張はこの状況を念頭に置いています。

学校間競争を促進するために学校の選択肢を増やすことのポジティブな側面を強調すると以下のようになります。児童生徒が通える学校の選択肢を増やすことは、それぞれの生徒にとってより自分に適した学校に通うことができるようになります。また、児童生徒が通える学校の選択肢が増えて学校間競争が激化することで、各学校は生徒獲得のためにより多くの資源投入や効率化を迫られます。このことで全体として学校の生産性が向上することになります。あくまで、学校選択を行うかは個人の選択に委ねられているため、その権利を行使するかは自由です。実際に、選択する権利を行使しない生徒にも恩恵がある可能性があります。

学校の競争はネガティブな側面を持つこともあります。選択肢の拡大は、学校間の格差・層化をもたらす可能性です。いわゆる「学校の序列化」です。人気のある学校がますます人気となり、人気のない学校の児童生徒数が減る可能性があります。あるいは、学生にとって学校を選ぶのは学生同士の交流が目当てであり、その学校に入学するために努力はするものの、学校側から見れば「入れ物」を用意するだけで十分であり、その中身を充実させる努力をあまりしなくなる可能性があります。

このように、学校選択が学校の努力を促すかどうかは、状況次第といえます。

学校間競争のエビデンス

学校間競争の促進は、家計の選択、生徒への影響、学校への影響を通して、学校の質を変化させる可能性がありますが、その効果はエビデンスにより確かめられる必要があります。学校間競争に関するエビデンスを得るには2つの困難な点があります。

困難さの1つ目は因果関係を示すことの難しさです。たとえば、学校間競争の激しい地区とそうでない地区を比較したところ、前者の方の学校の質が高いという結果が出たとしましょう。学校間競争の激しい地区に教育熱心な世帯が多く住む傾向があれば、学校間競争の効果が真の効果よりも大きめに計測されてしまうかもしれません。

1つ目の問題を解決する方法は、制度が変わることを利用した自然実験を用いることです。たとえば、1981年のチリにおける国家規模のバウチャー制度の導入により大量の私立学校が参入することで学校間の競争度が変化した状況や、1990年のスウェーデンでの大規模な改革により政府の規制を受けない学校が急増して学校間の競争度が変化した状況があります。国家規模だけではなく、地域単位に着目する方法もあります。たとえば、イスラエルのテル＝アビブ域内の公立学校選択の自由化、フロリダ州の低所得者向けのバウチャー導入、ノースカロライナ州やマサチューセッツ州でのチャータースクールの規制緩和などで、学校間の競争度が変化した状況を利用する方法です。

困難さの2つ目は、先の解決方法と関係しています。先ほど、因果関係を明らかにするために、米国や北欧で生じた制度変化を利用する方法を紹介しました。米国や北欧で生じた制度変化を利用して得た結果が、日本で当てはまるかは自明ではありません。教育制度は時代、国・地域で大きく異なるからです。そのため、日本で学校間競争の促進がどのような影響を持つかを知るためには、日本の教育制度や時代背景に則したエビデンスから確かめられる必要があります。

日本における学校間競争に関するエビデンスを見てみましょう。吉田あつし・元筑波大教授らは、2002年の足立区での公立中学校選択制度の導入による効果を分析しました。その結果、いわゆる高収入の職業従事者の比率が高い地域の生徒は私学か得点の高い公立学校を選択し、それ以外の地域の生徒は制度導入後に公立学校を選択する傾向が強いことを発見しました。赤林英夫・慶應大教授らは、東北8県の高校別のデータを用い、私立学校に通う生徒の授業料減免が、生徒の中退率を抑制する可能性を明らかにしました。

筆者らは、公立高等学校入試における通学区域の撤廃が生徒の進学パフォーマンスに与える効果を分析しました。通学区域の撤廃は、公立高校の大学進学率を向上させるものの、その効果は、通学区域の撤廃後に入学した生徒だけではなく、撤廃前に入学した生徒に対しても影響したことを示しています。また、公立だけではなく私立にも影響を与えています。これは、セレクションだけではなく、競争による学校の質を向上させる効果があった可能性を示唆しています。

学校の質向上の他の影響

学校の質向上は、子どもへの教育アウトカムだけではなく、それ以外の効果をもたらすことが知られています。それ以外の効果の1つは、地価への影響です。

学校の質と地価は、土地に対する需要と供給の関係から示されます。図6は土地市場を示すグラフであり、横軸を土地の量、縦軸を地価とします。土地の供給は一定すなわち、横軸

図６　教育の質と地価

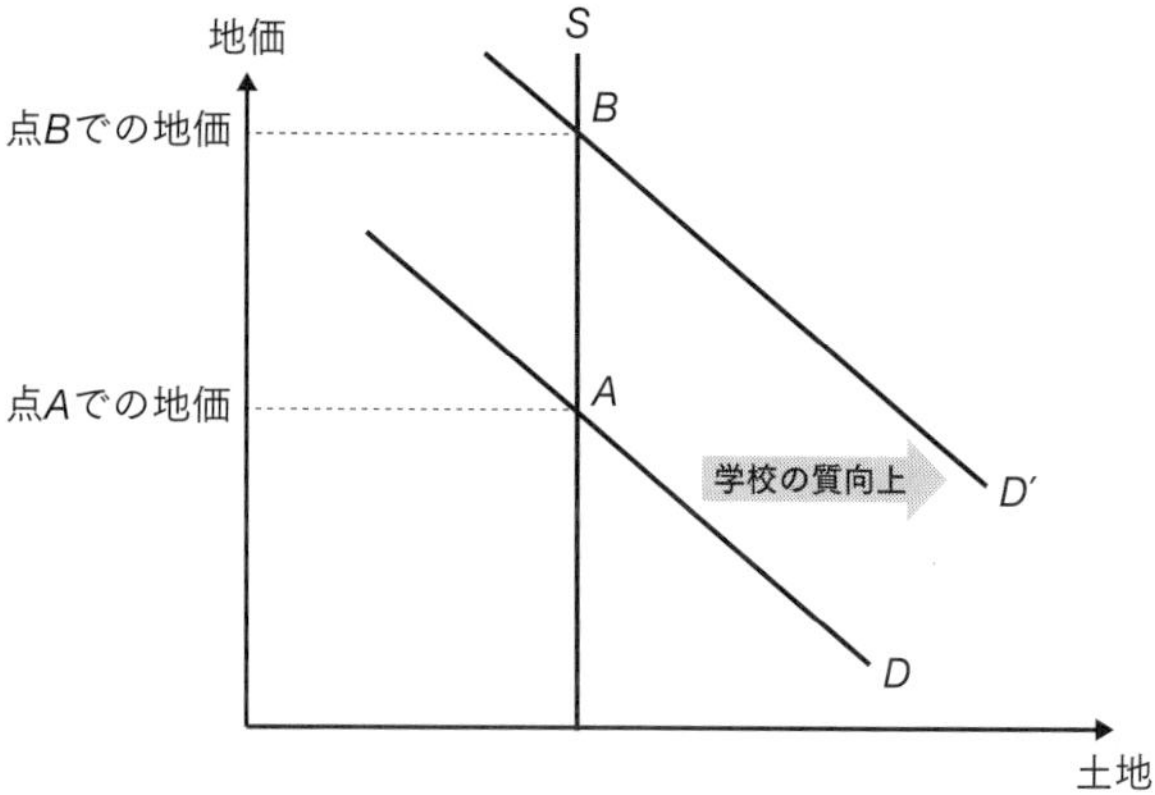

が数量で縦軸が価格の図において、垂直な線だとします。土地の需要は、価格が高いと需要量は減少する、右下がりの線とします。ある時点での土地の需要曲線と供給曲線の交わる点をAとすると、点Aでの地価が決まります。今、ある地域の学校の質が向上すると、高い学校の質を目指して、子を持つ親はその地域に引っ越しをしようと考えます。すると、ある地域の土地に対する需要は増大することになるため、需要の線は右側にシフトします。土地の供給が一定であれば、土地の需要が増大した後の需要曲線と供給曲線が交わる点はBに移ります。需要の増大に対応するように地価は点Bで地価は上昇します。つまり、学校の質の高さは、その地域の魅力を高めることを通して、その魅力の部分

が地価に帰着します。

学校の質と地価を検証した研究は世界各国で実施されており、学校の質の向上は地価を引き上げる傾向が観察されています。日本においては、東京都特別区や足立区を対象とした研究で、私立中学校への進学率やテストスコアで代理した学校の質の高さと、地価は正の関係があることを示しています。

地価だけではなく家賃に対しても影響があるようです。黒田雄太・大阪公立大准教授は、松江市のデータを用い、全国学力テストのスコアで代理される学校の質と家賃の関係を検証しています。家賃に影響を与える要因は、学校の質だけではなく様々であり、様々な要因は必ずしもデータに反映されません。ただ、学区の境界に着目すると、土地に関する特徴はよく似ているが、異なるテストスコアを持つ学校が存在することになります。この場合、境界で区切られた各エリアを比較することで、学区の境界周辺ではよく似た特徴を持つ地域だが、異なる学校の質を保つ地域を比較できます。分析結果によると、テストスコアが10%上昇すると、家族向けのアパートの家賃は1・7%上昇するものの、単身者向けのアパートの家賃は変化しないことを発見しています。

学校間の競争は、その目的である教育の質向上だけではなく、格差や地価の変化にまで影響します。競争の持つ様々な側面をエビデンスにより確かめることが重要です。

3　奨学金

経済学において教育は投資と考えられており、人々は教育投資から得られる収益と、投資を行うことの費用を勘案して、教育への意思決定を行います。どのくらいの教育投資を行うかは自分自身で決定することです。にもかかわらず、教育に対し政府が関与するのは教育による外部効果がある場合、あるいは教育に関する資金調達が十分にできない場合と説明しました。

資金調達が十分にできない場合とは次のような状況です。いま教育に対し十分な資金を投入できる家計と、それが十分にできない家計を考えます。両家計の子どもはそれぞれ、大学までの教育を受けることが投資効率の点で理にかなっているとします。しかし、後者の家計は、たとえば子どもの教育以外の資金のためにすでに多くの借り入れをしているため、教育のための資金を借りる余裕はない状況です。この場合、教育のための資金を十分に調達できないために、十分に教育を受けさせることができません。その結果、学歴達成に差が生じてしまいます。

このような状況を解決する方法は、教育のための資金を十分に調達できない家計に対し、政府が何らかの教育補助を与えることです。奨学金は、そのような教育補助の1つです。すなわち、教育投資のための資金を極めて低い利子あるいは無償で提供する方法です。本節では、奨学金にまつわる経済学的論点とエビデンスを見ていきます。

奨学金に関する統計

教育にかかる資金とその援助方法に関する統計を確認してみます。家計が生涯において教育にかける費用のうち最も大きなシェアを占めるのは大学進学にかかる費用です。義務教育に関しては、授業料は徴収されないため、9年間で関連する諸経費を支出すれば十分です。高等学校においても、公立においては年間約30万円、私立では年間約70万円です。大学になると、授業料だけで国公立であれば年間60万円、私立は学部によって異なりますが100万～600万円はかかります。大学であれば4年間あるいは6年間その授業料がかかります。大学にかかる教育資金はそれなりの金額のため、貯蓄により賄うか、あるいは教育に関わる資金援助により調達することになります。

日本で最も利用されているのは日本学生支援機構（旧・日本育英会）による奨学金です。２０１９年度の日本学生支援機構『奨学金事業に関する実態調査報告』によると、大学・学部を対象とした奨学金事業団体は２２１３団体、奨学金制度は４６２９制度ほどあります。そのうち、約10万人の利用者の86％、金額ベースでも52％は日本学生支援機構によるものです。

日本学生支援機構の奨学金には貸与型と給付型があります。大部分は貸与型であり無利子の第1種と有利子の第2種に分かれています。給付型は２０１０年代に開始されたものです。

利用者は２００４年度時点では無利子は31万人、有利子は53万人だったのが、２０１３年度までに無利子は43万人、有利子は１０２万人と増加し、その後は横ばいあるいは微減の状況にあります。

貸与型であることは返済を必要とするわけですが、その返済において延滞の問題も指摘されています。返還者のうち無延滞者と延滞者から抽出した『令和元年度奨学金の返還者に関する属性調査結果』によると、２０１９年度で返還を要する者は約４４３万人であり、そのうち1日以上の延滞者は32万7千人、3カ月以上の延滞者は15万2千人と試算されています。延滞者の特徴を調べたところ、非正規雇用あるいは無職の割合が高い傾向にあります。また、同調査によると、延滞理由で最も多いのは低所得であることです。

奨学金の経済学的論点

経済学的に見た奨学金の役割は以下のように整理されます。第1に、人的資本への投資にかかる費用の低下です。奨学金は、進学に係る学費などの直接費用を補助するものなので、進学費用を引き下げます。特に進学に係る資金を十分に調達できないような家計にとって重要です。

なお、進学にかかる資金を十分に調達できない状況を、短期的な借り入れ制約に直面しているといいます。一方で、長期的な借り入れ制約に直面している状況もあります。長期的な借り入れ制約とは、経済的な状況などで大学進学以前までの教育機会が十分でないために、そもそもの学力形成が十分に行われなかった状況です。このような状況であれば、仮に大学進学時点での資金を援助したところで、大学進学に十分な学力形成が行われていないため、資金援助の効果が期待できない状況になります。

第2は、奨学金の受給基準が人的資本投資のインセンティブとなる点です。学力基準により受給あるいは取り消しが決まるタイプの奨学金であれば、その基準を満たすために努力するインセンティブになります。

第3は、特定のグループに特定の行動をとらせるものです。たとえば、特定の居住地に住む所得の低い家計を対象とした奨学金を考えます。もし所得と学力基準以外に、受給時点と受給後数年間はその居住地に住むことも受給条件としてあれば、人口「流出」を阻止する方法とも言えます。これは過去に存在した制度である、教職あるいは研究職として特定の年数を勤めれば免除されていた旧・日本育英会奨学金や、特定の地域に医師として勤務すれば医学部の授業料を免除するものです。

給付と貸与に違いはあるのでしょうか。奨学金としての役割は両者で大きく差はありません。給付の場合は、その財源の調達が問題になるため、大規模に実施することは通常は困難です。貸与の場合も、財源調達の問題はありますが、返済を通して資金が循環させることができるので、給付よりはカバーできる対象は広いです。ただ、貸与の場合は、返済方法をどのようにするかが問題となります。

授業料の無償化と奨学金の違いはあるのでしょうか。授業料の無償化は、授業料相当を補助している点では実質的に同じです。ただ、奨学金は、ある種の現金移転であり必ずしも授業料として使われるとは限りません。その意味で、児童手当などの現金給付と似たような特徴を持ちます。

奨学金の効果に関するエビデンス

奨学金はその目的を達成しているのでしょうか。奨学金の評価には大きく2つの視点があります。1つ目は、奨学金あるいは教育ローンを受給する意思決定の構造を明らかにする点です。奨学金を利用するのはどのような個人であるかを明らかにすることで、大学での奨学金がそれを必要としている個人に利用されているかを評価する視点です。これには、家計の教育費支出の負担構造を明らかにし、もし教育費負担が重いのならば、奨学金が負担軽減に寄与するかを評価するものも含まれます。

奨学金利用に関する研究は国内外で多く蓄積されています。その中で概ねコンセンサスを得られている状況は、大学進学に関して家計の経済状況は強く相関しており、奨学金利用者は所得の低い層で多く需要される点です。また、日本の特徴として、教育にかかる資金は個人ではなく世帯が負担している点です。その結果、必ずしも経済的に十分な余裕がないにも関わらず、教育費を負担する「無理する家計」の存在が指摘されています。そのため、このような世帯に対して奨学金の持つ意味は大きいとされます。

近年は教育ローンとしての側面を強調した研究も蓄積されつつあります。海外の研究では、社会経済背景の悪さがローンの受給確率を高めること、非白人や女性は教育ローンを受給する確率が低いことを発見しています。また、教育ローンは負債であるため、負債を回避しようとする傾向も指摘されています。日本のデータを用いた研究によると、低所得な家計や親の学歴が低い場合、ローンを回避する傾向があり、さらに関連する制度を詳しく調べない可能性を発見しています。

奨学金に関する研究の2つ目の視点は、奨学金あるいは教育ローンを受給したことがその後のライフアウトカムに与えた影響を明らかにする点です。先ほども説明したように、資金調達が十分にできないために教育投資ができないのであれば、奨学金がその状態を解消できているかが重要です。

海外を対象としたいくつかの研究は、奨学金受給は進学や所得に影響を与えることを示しています。たとえば、在学時点の行政データから奨学金の受給基準をギリギリ満たしたことで奨学金を受給できた個人と、ギリギリ満たさなかったことで奨学金を受給できなかった個人の十数年後の所得を税務情報と突き合わせることで比較し、受給資格を満たした個人は大学や大学院を修了する確率が約3〜4パーセントポイント上昇し、所得は約5パーセントポイント増加することを示しています。

既存の国内の研究において、奨学金は様々な大学進学や就学後のアウトカムと関連を持つことが示されています。旧・日本育英会の制度変更により奨学金採用における所得基準額が地域で共通化された状況を利用し、奨学金貸与の所得基準が緩やかになった地域と変化しなかった地域の大学進学率の変化を比較した筆者の研究によると、奨学金貸与の所得基準の緩和は、男性の大学進学確率を約0・5〜0・7パーセントポイント上昇させます。また、高校生の追跡調査を分析した研究によると、奨学金は大学進学率を高め、高卒よりは高い給与や就業機会を得られるものの、大卒間での奨学金受給の有無に給与や就業機会の差はないようです。

また、奨学金の予期せぬ影響を指摘する研究もあります。90年代の大学生の消費パターンに注目した研究によると、奨学金貸与により、娯楽費は増えるが、教育関連支出は増えないことが指摘されています。ただその後の一連の研究によると、奨学金受給と大学生の消費行動は分析対象となる時代や分析に用いるデータにより異なる傾向にあり、娯楽費や教育関連支出への影響は一様ではないとされています。

奨学金の返済と所得連動型奨学金

奨学金受給は高等教育進学やその後のアウトカムに対して一定の効果を持つことが明らかとなっています。ただ、奨学金の教育ローンの負の側面を強調する研究も蓄積されています。たとえば、学生ローンの累計額は結婚確率を低下させることや、在学時の学生ローン負債が多いと将来に家を所有する確率が低下することを報告する研究もあります。

奨学金の教育ローンすなわち負債の問題は、労働市場の状況と関連します。奨学金は、いわば将来の給与上昇を期待し、その給与上昇分を前借りして、教育の資金を調達する方法です。高等教育修了後にフルタイム雇用となり長期的な賃金上昇が見込める場合は、教育資金に用いた負債を返済することは可能です。しかし、非正規雇用、あるいはフルタイム雇用だが給与水準が十分でなければ、負債の返済に問題が生じます。とりわけ、労働市場においてキャリアの中断が生じる可能性の高い女性はその問題に直面します。もし将来的な負担を嫌って奨学金を借りない選択をすれば、奨学金を利用することで得たはずの高い給与を放棄する事態が生じます。

このような将来の雇用環境が不透明であり、進学のために借りた奨学金を返済できるかどうかの不安を軽減する仕組みの1つとして、所得連動型奨学金制度があります。所得連動型奨学金制度の特徴は、所得に応じた返還額（返還率）の設定にあらわれます。返還率とは、稼ぎ出した所得のうち何パーセントを奨学金の返済に充てるかであり、値が低いと返済は楽ですが、返済期間は長期にわたります。

所得連動型奨学金制度は、オーストラリアや英国などで導入されていますが、日本でも2012年から類似した仕組みが導入されています。2012年の仕組みとは、奨学金申請時に家計の厳しい世帯の学生を対象に、無利子奨学金の貸与を受けた本人の卒業後の所得が一定基準以下であれば、返済を猶予するものです。ただ、この時点の仕組みでは、年収が一定基準をこえると、年収の多さによらず、定額での返還が必要でした。その後の状況の変化を反映し、2017年に所得連動型奨学金制度が導入されています。詳細は省きますが、重要な特徴である返還率は9パーセントに設定されている一方で、最低返済月額は2000円に設定されています。

このように所得連動型奨学金制度はすでに実施されていますが、それと同時に経済的効果と呼ばれる試算も行われています。ここでいう経済的効果とは、所得階層別、とくに低所得層に対して返済負担の軽減度合いの試算と、財政コストと呼ばれる政府から奨学金利用者への補助の度合いの試算です。試算の方法は、個人に関するデータを用いて、生涯所得を計算し、奨学金の貸与額と返済ルールから返還額を計算し、負担の度合いを計算します。さらに、奨学金貸与総額に占める貸与総額と生涯返還額差を財政コストとして計算します。英国の研究によると、低所得層の大部分は政府からの補助となっており、全体的に47～54％の財政コストと試算されています。日本のデータで試算した研究によると、4～14％と財政コストは限定的です。借りた奨学金の大部分が返還されることを反映しています。

奨学金の充実は、教育の機会均等化を図るうえで重要な政策ツールの1つといえます。ただし、在学時点やその後の状況を正確に把握するような行政データから奨学金の持つ長期的な影響を計測する点が残された論点といえます。

4　試験

人生には様々な選抜があります。学校にも選抜はあり、高校入試は高等学校入学者選抜と呼ばれ、大学入試は大学入学者選抜と呼ばれます。選抜は多くの場合、何らかの試験を通して行われますが、その試験をどのように行うかにより、結果に影響を与える場合があります。本節では、試験に関する教育経済学の知見を紹介します。

試験に関する国際比較統計

試験には様々な種類があります。学校で実施される定期試験、全国学力テスト、大学共通試験、個別学力試験、面接試験などです。また、国や時代によって様々です。これらの点をOECDの分類に従い統計データから概観してみます。

OECD『図表で見る教育2015』によると、統一化された全国テストを、達成評価(assessment)と試験(examination)に分けています。達成評価は「進学進級や学位取得に影響を与えないもの」であり、試験は「より上級の教育段階への進級進学や公式な学位取得の影響を持つもの」と定義されます。同じ調査の統計によると、このような基準で分類したとき、日本にある統一化された全国テストは小中学生を対象とした全国学力・学習状況調査のみです。大学入試で利用される大学入学共通テスト(調査時点では大学入試センター試験)はOECDの統計分類では統一化された全国テストに含まれないようです。

OECDの同統計には統一化された全国テストの特徴を示す項目が大きく3種類報告されています。特徴を示す1つ目の項目は、どのような科目を対象とするかです。初等中等教育において、日本(全国学力・学習状況調査)では、国語、算数・数学、一部の年で理科が対象です。多くの国で国語と算数・数学を課すのが一般的ですが、たとえばフィンランドのように10科目を課す国もあります。後期中等教育においては、平均的に6〜7科目が課されているようです。同統計では統一化された全国テストとして分類されていませんが、日本の大学入学共通テストを利用する場合も5〜6科目受験するので平均的と言えます。

統一化された全国テストの特徴を示す2つ目の項目は、どのように利用されるかです。初等中等教育において、日本では「教師に対して児童生徒の達成状況の情報を伝達する」「親へのフィードバックとして利用する」ものとして利用されています。これらは国際的に見ても、調査対象国30カ国の約半数が同じような利用目的です。

その約半数の国は利用しているが日本では利用されていない目的として、「学校のパフォーマンスの評価として利用」があります。テストスコアは教育の成果を示す1つの指標だと考えれば、学校教育が効果的であるかを示す指標として利用されるのは自然です。ただ、「教員の評価として利用」は1カ国のみであり、学校評価と教員評価は別のものとして捉えられているかもしれません。つまり、初等教育においては何らかの「評価」のためにテスト結果を利用する側面が強いと言えます。後期中等教育においては、約90%が大学入学のため、約80%が学位取得や卒業のため、約半数が高等教育や特定のプログラムのアクセスのために利用されています。また約30%の国々では、奨学金の選抜に利用されたりします。つまり、後期中等教育においては何らかの「選抜」のためにテスト結果を利用する側面が強いと言えます。

統一化された全国テストの特徴を示す3つ目の項目は、どのように公開されるかです。教育段階を問わず、大部分においてパフォーマンスの水準を公開することが多いようです。さらにここ数年の「付加価値」を公開する国々も少なくありません。この結果の公表は、先に述べた「評価」の利用と関連しています。興味深いことに、統一化された全国テストを学校別のランキングの形で公開している国は、調査時点において初等中等教育ではゼロであり、後期中等教育でも2カ国です。

OECDの国際比較統計では、統一化された全国テストを対象としていますが、教育の現場では大小様々なテストがあります。定期試験、特定科目の単位取得のための試験、高校入試、大学入試などです。このように様々な試験が存在していますが、試験が持つ経済学的な意味として何があるでしょうか。以下では、試験の持つ経済学的な論点を見てみます。

試験の経済学的論点

試験の経済学的な意味を考えてみます。前項の国際比較統計から、試験には「評価」の側面と「選抜」の側面があると考えられます。入試の合否を試験の結果で決めるなど、試験はふるい分け（スクリーニング）で用いられることが多いので選抜の機能がすぐに思い浮かびます。実は、試験にはもう1つ、インセンティブに作用する機能があります。試験の結果を生み出すその裏側にある児童生徒あるいは学校の努力を促す仕組みです。これらについて詳細を見ていきましょう。

前提として、教育は人的資本に対する投資であり、その投資を促す動機づけが重要となります。投資を動機づける手段の1つが試験の活用です。試験を実施するには費用がかかります。試験を受ける側の心理的な負担もありますが、試験を実施している間は勉強時間を失うという機会費用もあります。ただ、試験の結果いかんにより、得られる成果が異なります。たとえば、選抜試験において、試験の結果が一定水準より高ければ、その選抜を通過するという便益です。つまり、試験の結果がその報酬とどのように結びつくかがポイントです。

その上で、試験とは受験者の達成度あるいはそこに至る努力量の情報を試験実施者にもたらすものだと解釈できます。たとえば、ある科目の定期試験の結果が90点の受験者は、50点の受験者と比べその科目の内容を理解していると、試験実施者から判断されます。定員の制約から、いずれか1つの科目の受験者のみ合格させるとすれば、より達成度が高いと考えられる90点の受験者を選抜することになります。つまり、試験の持つ選抜機能です。この選抜機能が作用するかは、選抜の基準や方法にかかってきます。たとえば、高度な数的能力を要求するコースを受講するためには数的能力の判定が重要になります。また、全員が満点をとる試験や、だれも解くことのできない試験問題ばかりを課すと、試験結果に差が生じないため、ふるい分けるための情報としての価値がなくなります。

試験の結果とそこに至る努力量の関係も重要です。一般的に、努力すなわち勉強時間を増やすことで試験の成績は良くなる比例関係にあると考えられます。試験でいい成績をとるために勉強時間を増やすことそのものが人的資本を蓄積する観点からは望ましいといえます。つまり、試験の持つインセンティブ機能です。

この試験の持つ人的資本蓄積へのインセンティブ機能が教育経済学研究において注目されています。注目される理由は、試験によるインセンティブづけと努力の関係は複雑であることと、試験の実施やその結果の利用は教育政策において重要だからです。それぞれについて見ていきます。

試験によるインセンティブづけと努力の関係は複雑です。一般的に、努力すなわち勉強時間を増やすことで試験の成績は良くなる比例関係にあると述べましたが、実際には試験の結果は努力と運で決まると言えます。同じような勉強をしたとした2人の受験者がいても、当日の座席がたまたま空調のあたりがいいかどうかで、成績が変化する可能性があります。結果だけみると、成績の低い受験者は努力不足のように見えますが、実際には努力とは関係ない要素が原因かもしれません。全く同じ試験日だけど、気温の異なる地域で試験の結果を比較すると、気温が高いとスコアは低いという研究もあります。別の見方をすれば、児童生徒は努力をしなくてもテストスコアが上昇するなら、十分な努力をする動機を持たないかもしれません。加えて、評価の対象となる試験に関する努力はするものの他のことは疎かになってしまう問題や、努力したとしても一時的なものになる問題もあります。

これは働く場において営業成績に応じて給与を増減させる問題と似ています。特定の製品に関する販売営業をする職場があるとします。職場からすると製品の販売数が多ければ望ましいため、営業担当にはより多くの製品を販売してほしいと考えています。その動機づけのため、販売数が多いほど給与を引き上げる仕組みを導入します。高い給与を得るために販売数を増やそうとし、そのために努力をすることを期待する仕組みです。しかし、この仕組みは必ずしもうまくいくとは限りません。ある社員の営業成績がいいのは、その社員の努力の結果の場合もあれば、偶然いい顧客に巡り合った場合もありえるからです。投入した努力に応じて成果が決まる状況であれば、成果に応じて報酬を支払うことは努力を引き出すのに適していいます。しかし、運により成果が左右されてしまう要素が強くなると、成果に応じて報酬を支払う仕組みは努力を引き出すのに必ずしも適しません。

このような問題は、努力を引き出したいと考えている主体（教師や学校）が、実際に努力する側の主体（生徒児童）の努力の過程を正確に把握できないため生じます。この状況は、試験結果を学校や教員のパフォーマンス評価に利用する政策を考察する上で重要です。いわゆるアカウンタビリティーに関する政策との関連です。アカウンタビリティーとは、学校に関する情報公開のことを指し、学校のパフォーマンス向上を促す仕組みとして注目されています。

学校設置主体（国や地方公共団体）にとって、その学校に通う児童生徒に人的資本を蓄積してほしいと考えているとします。実際に教育するのは学校や教員なので、国や地方公共団体は児童生徒の人的資本の指標であるテストスコアが上昇したかというパフォーマンスで評価する仕組みを導入するとします。この仕組みはうまくいく場合もあれば、意図せざる結果を生む可能性があります。

意図せざる結果の1つ目は、テストスコアを上昇させるための対策に従事してしまう可能性です。パフォーマンス評価がテストスコアで決まるのならば、そのテストの得点をあげればいいので、授業をひたすらテスト対策に充てることが起きえます。同じことは学校や教員が、評価の対象となることだけに従事してしまう状況です。教育の目的は学力といった認知スキルの上昇だけではなく、非認知スキルの向上もあります。パフォーマンス評価のみが目的であればテストスコアの上昇に関係することだけに従事してしまう状況がおきえます。

意図せざる結果の2つ目は、評価に関わる情報を操作してしまう動機を生む問題です。たとえば、あるクラスの平均的なテストスコアを上昇させるには、努力を促しスコアを上昇させる方法もあれば、スコアの低そうな対象者を評価対象から意図的に除外する方法もあります。より極端な場合では、事前にテストの内容を示唆することや答案を修正してしまうことも起きえます。これらの問題は総じて、試験を人的資本蓄積の目的に用いたいにも関わらず、その目的を達成できない状況といえます。

なお、特定のスキルを蓄積させるために試験によるインセンティブづけ機能を利用する場合があります。受験者が評価の対象となる試験に対してのみ努力するという特徴があるのならば、それを逆手にとるわけです。たとえば、数的処理能力のみが重要であれば数学関連の科目を試験科目あるいはそのウェイトを大きくすれば、期待されるスキルを身につけた人を集めることができます。あるいは、幅広いスキルが重要ならば、多くの科目を試験科目とすることが考えられます。

このように試験の持つインセンティブ機能、すなわち人的資本形成に関する努力を引き出す仕組みは複雑であり、どのような状況でうまくいくかの理解が必要となります。教育制度は国や時代だけではなく教育段階により大きく異なるため、どのような仕組みのもとで試験のインセンティブ機能が作用するかを知るために様々な実証研究が蓄積されつつあります。以降ではその一端を紹介します。

試験の経済分析：エビデンス

試験の持つインセンティブ機能を検証した研究を紹介します。試験の持つ機能を検証しようとした場合、主として2つの方向性があります。1つ目は国際比較です。試験設計を含む教育制度は一国内では似通っていますが、国家間では異なります。また、教育制度の改革のタイミングも国家間で異なります。このような国家間および時点の変化を利用する方法です。ウォズマン・ミュンヘン大教授は、一国内で統一された卒業試験（exit exams）の有無が国ごとに異なることを利用し、卒業試験の存在は生徒児童の学力スコアを向上させることを、国際比較データで明らかにしています。さらに、卒業試験の効果は、自律的な学校経営ができるシステムのもとで、より効果的である点を示しています。

さらに、ウォズマン教授らの近年の研究で、2000〜2015年のPISAの国際比較データを用い、4種類に類型化した試験制度と学力スコアの関係を検証しています。4種類の試験制度とはそれぞれ、外部と比較可能な統一テスト、内部と比較可能な統一テスト、内部利用のためのレポート、教員のモニタリングです。分析結果によると、外部と比較可能な統一テストや内部と比較可能な統一テストは、もともと学力スコアの低いあるいは中間的な国において効果があるものの、もともとの学力スコアの高い国々では効果を発揮しない点を示しています。

2つ目は一国内における特定の制度変化を利用する方法です。ノルウェーの高校入試制度改革を分析した研究では、居住地で通学する高校が決まる仕組みから、義務教育終了時の卒業試験の成績で通学する高校が決まる入試改革がありましたが、その変化はある地域では先に実施され、別の地域では遅れて実施されました。さらに、同じ地域内でも近隣に選択可能な複数の高校があるかで、改革の影響は異なります。これらの差を利用した分析により、改革により学力スコアが向上したことを示しました。この研究ではさらに、改革は入試選抜に活用されない全国学力試験のスコアも向上させることを発見しており、改革により生徒の努力が増えたことを示唆しています。

大学入試における合格最低基準の変化が生徒の努力を促したかを検証した研究もあります。ノースカロライナ州の大学入試改革において、州内の大学入学の最低基準が導入された事例を利用し、最低基準をわずかに上回るグループとわずかに下回るグループを比較したところ、高校生の成績は上昇し、欠席や留年が減少したことを示しています。ただ、いい成績を取得しやすいコースを選択するものの、マイノリティーグループや経済的に不利な生徒はむしろ努力を増やしていることも発見しています。

日本ではどうでしょうか。明治期の旧制高校の入試が各学校での実施から、全国共通入試の成績に基づき決まる中央集権的な制度に変化を分析した研究があります。入試改革の結果、全国の旧制高校において東京出身者の割合は増え、その入試を経験した世代では『人事興信録』に収録されるエリートが増えるという、出身地域による格差拡大を発見しています。1960年代の日本の高校入試制度の変化を利用した研究によると、制度変化により入試科目の種類が5科目から9科目まで拡大したこと、その拡大の程度が都道府県により異なることを利用し、受験科目の幅の広さが大学進学率を上昇させることを示しました。

ところで、試験の結果が何らかの成果（入学や卒業）に結びつきやすい場合と、必ずしも成果に結びつかないタイプの試験で、インセンティブ効果に差があるかどうかを検証した研究も注目されています。ニーズィー・カルフォルニア大サンディエゴ校教授らは、必ずしも成果に結びつかないタイプの試験に対しても内的な動機で努力をするのか、それとも外的な動機で努力するのかを、米国の2校と上海の4校の高校を対象としたフィールド実験で検証しました。この実験では、ＰＩＳＡタイプの数学の試験を25問解答させるのですが、試験の直前にお金を渡し、不正解になるごとにそのお金が減っていくことで、試験に対する外的動機づけが重要なのかどうかを検証しています。分析結果によると、米国の高校生は外的動機づけに反応するものの、上海の高校生は外的動機づけに反応しない結果を得ています。つまり、上海の高校生は試験に対し内的な動機で努力している可能性を示唆しています。

試験そのものによるインセンティブ効果は一定程度あることが確認されていますが、その成果を利用し、学校や教員に対し努力を促す仕組みであるアカウンタビリティーに関しては様々な結果があります。たとえば、日本で生じた2014年の全国学力・学習状況調査の学校別公表を利用した研究でも、公開により学力スコアが上昇すること、その背後には学校側による放課後サポートの強化や、児童の学習行動の促進効果が発見されています。

ただ、この方法は意図せざる効果も報告されています。たとえば、テストに出題されやすい項目のみ授業で取り扱う行動や、極端な場合だと答案の改ざんを誘発することが報告されています。

入試改革への示唆

本節では、試験に関する教育経済学の知見を紹介しました。試験を利用することで人的資本形成に寄与する可能性はあるものの、意図せざる効果をもたらすこともあり、それほど単純な話というわけでもなさそうです。今後も様々なエビデンスが蓄積されると考えられます。

社会変化に伴い、大学入試をはじめ様々な試験に関する「改革」が検討あるいは実施されてきています。このような「改革」は、往々にして立案者らの経験や理念が強調されがちです。試験制度の変更は、インセンティブを通して、様々な影響をもたらすことを踏まえると、月並みですが、理論とエビデンスに基づき設計されるべきだと考えます。

第5章

社会の変化への対応と教育

1　日本経済の現状と課題

本章の背景として、日本経済の現状と課題を端的に示す2つの統計的な事実を紹介します。

長期的な経済成長率の鈍化

第1の統計的事実は、長期的な経済成長率の鈍化です。一国の豊かさは国民総生産（GDP）の水準で示され、その伸びは経済成長率と呼ばれます。内閣府の『国民経済計算』から経済成長率の推移を戦後から観察してみると、10年平均で約10%であった戦後から1960年代にかけての高度成長期、約4%から3%であった70年代から80年代にかけての安定成長期そしてバブル経済、約1%台となった90年代のバブル崩壊からの低成長期、そして10年平均で約0%台を推移する2000年代からの失われた20年を経て、現在も概ね0%台の低成長が続いています。

経済成長は、生産に貢献する、物的資本、労働、それ以外の要因で決まります。これを成長会計の枠組みから定量的に確認してみます。成長会計とは、経済成長の要因を、物的資本の成長部分、労働の成長部分そしてそれ以外の要因に分解する方法です。それ以外の要因は、全要素生産性と呼ばれ、資本と労働以外で生産の効率を上げていく生産要素とされ、いわゆる科学技術だけではなく規制などを含む広い概念です。『平成27年度　年次経済財政報告』によると、70年～80年代にかけての実質GDP成長率は約4・5%でしたが、うち労働の寄与は約1%ポイント、資本の寄与は約1・5%ポイントで、残りは全要素生産性が寄与していました。バブル崩壊以後、日本経済は低成長ですが、それは全要素生産性の成長率がほとんどないことと対応しています。

本書のテーマである教育と経済成長は生産性を通して関連します。生産性とは労働者が新たに生み出す財・サービスの量で、それは一国の豊かさを決めます。生産性は、生産に使われる設備や機械に使われる物的資本、労働者の知識や技能である人的資本、土地や河川など天然資源、生産に用いられる知識手法である知識技術で決まります。この中で教育に強く関連するのは人的資本であり、人的資本そのものだけではなく知識技術の普及もあわさって、経済成長に寄与すると考えられています。

少子高齢化問題

第2の統計的事実は、少子高齢化です。総務省の『国勢調査』によると、1920年から2010年にかけて人口は増加していましたが、2010年から人口は減少しはじめています。年齢階級別にその内訳をみると0～14歳の人口は減少傾向にあり、1985年ごろから15～64歳人口は減っており、その一方で65歳以上人口は増加傾向にあります。つまり、子どもは少なく高齢者が相対的に増加している社会といえます。

世界的にみて日本は高齢化が進んでいます。OECD indicator によると、1970年時点での65歳以上比率は、アメリカで9・81%、英国で12・82%、イタリアで10・89%、フランスで12・87%、中国で3・75%であり、日本は7・19%と比較的低い水準だったのに対し、2020年時点での65歳以上は、アメリカで16・89%、英国で18・65%、イタリアで23・37%、フランスで20・56%、中国で11・97%であり、日本は28・79%ともっとも高くなっています。

人口の推移を人口動態から眺めてみます。ある年の人口は、前年の人口に、自然動態と社会動態の動きで決まります。自然動態とは、出生数から死亡数を引いたもので、社会動態とは海外からの転入から海外への転出を引いたものです。つまり、人口が増えるかどうかは、出生数が死亡数を上回るか、海外からの転入が転出を上回るかのいずれかあるいはその両方です。人口動態を『人口統計資料』（国立社会保障・人口問題研究所）から確認すると、海外からの転入から海外への転出を引いた入国超過は、戦後直後を除き、10数万人規模であり、全体から見ればほぼゼロです。そのため、人口を増やすには出生がほぼ唯一の手段となっている状態です。しかしながら、合計特殊出生率は、1971〜1974年の第2次ベビーブームの2・14以降、出生率は低下傾向にあり、2019年で1・36と人口置換水準とされる2・07よりも低い水準となっています。つまり、人口を増やす要因である出生数は必ずしも高いとは言えません。結果として、人口は減少傾向にあるといえます。

少子高齢化に伴う人口減少は様々な問題を生じさせますが、その1つは労働力不足です。労働力人口は今後も減少することが予測されます。労働生産性が変化しないまま、労働力が不足すれば、それだけ新しく生み出されるものの量は減ります。労働生産性の引き上げと共に、労働力不足の問題をいかに解決するかが論点となります。その際、潜在的な労働参加が期待できる女性や高齢者が働くことのできる仕組みが重要です。それとは別に、海外からの労働力に期待する方法があり得ます。

日本経済の課題と本章の内容との関連

以上2つの統計的事実を踏まえた日本経済の課題と本章との関連は以下の通りです。

まず、長期的な経済成長のためには一人一人の生産性向上が重要だという点です。生産性向上のために教育が重要であり、それは技術進歩と関連します。技術進歩は、長期的には世の中を豊かにしますが、短期的には技術への対応の問題が生じます。技術そのものに対応するための教育だけではなく、技術の進歩によって仕事の内容が変わることに対応するための教育もまた重要となります。この点は次節で説明します。

次に、少子高齢化に伴う人口減少により、労働力不足をいかに解決するかです。その際、潜在的な労働参加が期待できる女性、海外からの労働力、そして高齢者が重要になります。日本の労働市場にはジェンダーギャップの問題があります。この問題は労働市場だけではなく、教育にも関わってきます。第3節では教育におけるジェンダーギャップの問題を説明します。第4節では、海外との関わりを語学習得の観点から説明します。第5節は高齢者と教育の問題を説明します。人口高齢化は、財政的な経路を通して教育と関わり、高齢者自身のスキルの向上と関わります。

本章は日本社会の変化と教育の役割を、技術進歩、ジェンダー、海外、そして高齢化に焦点をあてて説明します。

2　技術革新（ＩＣＴ、ＡＩ）と労働市場と教育

２０２０年初頭からの新型コロナウイルスの世界的な流行は、世界の様子を一変させました。感染症対策に伴い、様々なことが変化しましたが、筆者の所属する大学も大いにその影響を受けました。その1つは大学講義の全面オンライン化です。講義の全面オンライン化は、これまでの対面による教育方法の全面的な見直しを迫られました。

大学だけではなく、小中高等学校においても、特に教育におけるＩＣＴの活用が話題になりました。一方で、設備や技術的な問題からＩＣＴに必ずしも対応できない問題も明らかになりました。

ただ、コロナ禍で明らかになった問題は、コロナ禍以前に指摘されていた問題でもありました。たとえば、コロナ禍で在宅勤務が急速に普及しましたが、コロナ禍以前から在宅勤務は多様な働き方を推進するために普及が期待されていました。教育におけるＩＣＴの利用は「ギガスクール構想」ですでに議論され、その推進が期待されていました。コロナ禍というシ

ョックにより、新しい技術への対応を迫られ、それと同時に社会が変化していったといえます。

実はこのような新しい技術に伴い社会がどのように変化するのか、そしてそれらと教育の関わりは、労働経済学および教育経済学における重要なテーマの1つです。本節では、新しい技術による労働市場の変化、そして教育との関係を説明します。

技術と生活と仕事

本章1節で言及したように、技術は経済成長にとって重要ですが、私たちの生活にも影響を与えます。たとえば、年平均で約10％の経済成長を記録していた高度成長期には、白黒テレビ、電気洗濯機、電気冷蔵庫という「三種の神器」が普及しました。その後も様々な電化製品が普及しています。内閣府『消費動向調査』に基づく耐久消費財の普及の時系列推移によると、1970年代にはカラーテレビが、60年～90年代にかけて乗用車やルームエアコンが、2000年代にかけてパソコンが、そして2010年代にかけてスマホが普及しました。

新しい電化製品ひいては技術の普及は生活時間に影響を与えます。たとえば、資料写真によると明治期において洗濯は子どもや女性が従事していたことがわかります。洗濯は水汲みをして洗濯板を用いて洗い、それらを干すという労働集約的なものでした。それ自身は成人男性でも可能ですが、成人男性は働いて給与を得ていたことを考えると、労働市場で高い賃金を得ることが困難であった女性や子どもがもっぱら家事に従事していた可能性があります。ところが、ドラム式乾燥機付き洗濯機のように、スイッチひとつで洗濯が可能となれば、誰が実施してもいいだけではなく、洗濯中に他の作業をすることも可能です。

このように新しい電化製品ひいては技術の普及は生活時間を変えますが、仕事も変える可能性が高いです。1950年以降の『国勢調査』より大分類職業別就業者数の推移によると、1950年代は農林漁業作業者といういわゆる第1次産業従事者のシェアが最も大きく、ついで生産工程・労務作業従事者など第2次産業従事者のシェアが大きい傾向にありました。高度成長期に生じた農村から都市部への人口の移動や工業化に伴い、第1次産業従事者のシェアは減少していき、製造業を中心とした第2次産業従事者のシェアが拡大していきました。2000年代にかけて第2次産業従事者のシェアはやや低下していき、かわりにサービス業を中心とした第3次産業従事者のシェアが拡大しています。

技術による仕事の変化はしばしば「雇用が奪われる」か否かの観点から注目を集めてきました。古くは産業革命時における「機械打ちこわし」運動であり、2010年代では、オズボーン氏らのＡＩの進展によって消滅する職業の推計などです。執筆時点では、ChatGPTなどの生成ＡＩアプリの登場が話題になっています。ただ、労働経済学における知見によると、技術変化と仕事の関係は一筋縄ではありません。以下、この点を説明します。

技術革新と仕事の複雑な関係

労働経済学における長期の労働需要の枠組みを考えます。労働需要とは、ある生産量を達成するために必要とする生産要素の労働と資本をどれだけ必要としているかです。長期とは労働の量と資本の量を自由に変更できる状況を意味します。正確な説明は労働経済学の教科書に譲りますが、端的に説明すると、最適な労働需要は、与えられた賃金と資本のレンタル料をもとに、ある生産量を達成するのにかかる費用を最小とするように必要な労働の量と資本の量の組み合わせで決定します。

長期の労働需要の枠組みから技術変化と雇用の問題を分析してみましょう。ここでは技術変化により資本のレンタル料が低下するときの労働需要への影響を考えます。つまり、ＡＩの価格が低下することで仕事が減るかを考えます。資本のレンタル料が低下すると、賃金が相対的に高くなるため、労働から資本への代替が起こり、労働への需要は低下します。一方で、資本のレンタル料の低下は、生産するための費用を引き下げるため、生産規模を拡大させる働きもあります。生産規模の拡大は労働需要を増大させる動機を持ちます。したがって、資本価格の低下が「仕事を奪う」かどうかは、労働から資本への代替の大きさと生産規模の拡大による労働需要の増大との大小関係に依存することになります。

さらに、労働と資本がどれくらい置き換わるかは、両者の代替補完関係に依存します。この代替補完関係は生産技術や生産過程の特性に依存します。両者の置き換えが簡単であれば両者は代替的であり、生産において両方必要であれば補完的といえます。この点について米国の銀行業を分析した研究によると、支店業務のうちATMの普及によりいわゆるお金を交換する窓口業務は減ったものの、融資を行うための営業業務はかえって増加したことを報告しています。お金を交換する業務は機械に容易に置き換えができますが、融資先を開発するような業務は機械への置き換えが困難だと考えられるからです。

銀行の例のように、技術進歩の影響は人により異なる可能性があります。この点を明示的に扱った2つの分析枠組みを紹介します。

1つ目は、第1章でも紹介した、高学歴者への需要と供給の枠組みです。今、大卒を高スキル者、高卒を低スキル者と読み替えてみます。高スキル者が低スキル者の賃金より相対的に高いほど、高スキル者に対する需要は減ります。つまり、高スキル者への需要は高スキル者への賃金に対して右下がりの曲線です。高スキル者への供給は、高スキル者が低スキル者の賃金より相対的に高いほど、そのスキルを持つことによるリターンが大きいため、賃金に対して右上がりの曲線になります。需要と供給が一致する部分で高スキル者と低スキル者の賃金格差と相対的な人数が決まります。

ここで技術進歩の影響を考えます。今、技術進歩が高スキル者に有利な形のみで生じるとします。これを技能偏向型技術革新と呼びます。このとき、技術革新は高スキル者の需要を増大させるため、需要曲線は右にシフトします。供給が一定の場合、需要曲線の右シフトは、高スキル者と低スキル者の賃金格差を拡大させる方向に作用し、相対的な人数も増大します。

2つ目は、タスクアプローチと呼ばれる枠組みです。技能偏向型技術革新は高スキル者と低スキル者というスキルに着目した考え方なのに対して、タスクアプローチは仕事の単位に分けて分析するものです。タスクという仕事の単位に対してそれを運用するのがスキルという関係になります。

機械や技術で代替できるタイプの仕事と代替できないタイプの仕事があると考えます。タスクアプローチを提唱したデイビット・オーターMIT教授らは、タスクを非定型分析、非定型相互、定型認識、定型手仕事、非定型手仕事に分類しました。非定型分析とは、高度な専門知識を持ち、抽象的思考のもとに課題を解決する業務、非定型相互とは、高度な内容の対人コミュニケーションを通じて価値を創造、提供する業務、定型認識とはあらかじめ定められた基準の正確な達成が求められる事務的な業務、定型手仕事とはあらかじめ定められた基準の正確な達成が求められる身体的作業を伴う業務、そして非定型手仕事とは、それほど高度な専門知識を要しないが、定型的ではなく、状況に応じて柔軟な対応を求められる身体的作業を伴う業務のことです。

オーター教授らは、ICT技術が定型な業務（定型認識、定型手仕事）を代替する一方で、非定型的分析業務および非定型相互を補完することを示しました。日本については、神林龍・武蔵大教授らが、1960～2005年の国勢調査を分析し、非定型業務（相互、手仕事、分析）のシェアは一貫して増加し、定型業務（認識、手仕事）のシェアは一貫して低下していることを確認しています。

これらのことは、技術革新と仕事の関係は単純ではないことを意味します。ただ、重要なメッセージとしては、技術革新により代替されるスキルや仕事があるのと、むしろ補完的に活かされるスキルや仕事がある点です。新しい技術に対応するためにどのような技能形成を行うかが重要となります。

教育は技術の変化とどのように向き合うか

技術革新と教育の関係を考えてみましょう。教育の生産関数上の位置づけと、どのような技能を教育で養うのかという観点から考えていきます。

ＩＣＴと教育現場の関係

技術革新が教育に与える影響として、ＩＣＴ教育について考えてみます。ＩＣＴ教育は、ＩＣＴ設備へのアクセスの充実、オンラインコースの受講、EdTechを利用したメッセージ介入など、その方法は様々です。教育のＩＣＴ利用と教育成果の関係は世界中で精力的に研究されているテーマの1つです。

コロナ禍前時点での海外事例をまとめた研究によると、ＩＣＴ利用と教育成果の関係は一様ではないと報告されています。一方でＩＣＴ利用が促進されることは、教育資源が充実することを意味するため、学力向上に寄与する可能性があります。他方でＩＣＴが充実したとしてもそれを使いこなすことができるかという点から必ずしも学力向上に寄与しないかもしれません。たとえば、もともとＩＣＴに習熟している児童生徒や設備の充実した環境にいる児童生徒は、そうでない児童生徒と比べＩＣＴの恩恵を受けやすい可能性があります。

日本において、樋口裕城・上智大准教授らのオンライン補習教育の効果を厳密に検証した研究があります。この研究は、ある高校の生徒を対象とし、オンライン英会話補講が英語力と英語への関心に与える効果をフィールド実験で検証しています。英語スコアの上昇という意味では効果はあらわれないが、長期的な英語力の基礎となる意欲への影響は少なからず観察された点を報告しています。また、対象者の多くは規定の回数を受講せず、先送り傾向のある個人ほど利用率が低いことも発見しています。

コロナ禍において、オンライン教材は休校の学習を下支えした可能性があります。東大大学院の池田将人氏と山口慎太郎東大教授はオンライン教材サービスのデータを解析し、休校の前年度と比べオンライン教材を利用した学習時間が増加したことを発見しました。同時に、自宅にオンライン環境がないと思われる家庭のオンライン教材利用時間は短い点を発見しており、環境の差に起因する教育格差の可能性を示唆する結果を報告しています。コロナ禍により強制的にオンライン化が進みましたが、格差拡大の懸念に注意すべきかもしれません。

技術革新と教育での技能形成

技術革新が進むもとでの教育の役割を考えてみます。技術革新に伴い生じる労働市場の変化に対応できるかがキーとなります。その意味で、プログラミング教育あるいはＳＴＥＭ（科学（Science）・技術（Technology）・工学（Engineering）・数学（Mathematics））教育は重要と言えます。これらは、理工系の職業すなわちＡＩを開発する側で重要との印象を持つかもしれませんが、むしろＡＩをどのように使うかを知るためにも重要と言えます。

技術革新に伴い生じる労働市場の変化に対応するスキルは、認知スキルだけではなく、非認知スキルも重要かもしれません。第1章でも紹介した北欧の研究が示すように、細分化された仕事同士を調整する非認知スキルの価値はますます重視されるようになります。そのように考えると、教育により認知スキルと非認知スキルをバランスよく身につけることが今も昔も重要なのだと言えます。

3　教育におけるジェンダーの問題

２０２３年３月期の有価証券報告書から、上場企業の人的資本情報開示が義務化されています。従業員の状況に関する項目はそれぞれ女性管理職比率、男性育休取得率、男女間賃金格差です。そのほかには、人材育成方針、社内環境整備方針、人的資本や多様性の測定可能な指標と目標があります。女性活躍推進や多様性があることは、高付加価値を生み出すものと考えられています。

労働市場におけるジェンダーギャップは論点であり続けています。労働市場のジェンダーギャップは教育問題とも大きく関わります。本節では、労働市場におけるジェンダーギャップの論点を紹介しつつ、教育との関わりについて紹介します。

日本のジェンダーギャップは大きい

世界から見て日本のジェンダーギャップはどの程度でしょうか。内閣府男女共同参画局が公表している資料から紹介していきます。

ジェンダーギャップ指数は「世界経済フォーラム」（ダボス会議）が毎年公表する、健康、教育、政治、経済の4分野における男女差を示した指標です。この指数は、男女で完全に不平等である0から完全に平等である1までの間をとります。2022年時点では、日本の総合的なジェンダーギャップ指数は0・65であり、調査国146カ国中116位です。この指数で見る限り、日本は世界的に見てジェンダーギャップの大きい国のようです。

総合指標は健康、教育、政治、経済の4分野を合わせたものですが、その指標の中身を見るとどこに問題があるかがわかります。健康の指数は0・97、教育の指数は1とジェンダーギャップはほぼないと言えます。経済指数は0・564で政治参画は0・061と、このあたりに問題がありそうです。経済指数のうち、指標を下げる要因となっているのは、管理的職業従事者の男女比です。政治参画は、国会議員、閣僚、行政府の長の在任年数の男女比ですが、それらは軒並み指数を下げる要因となっています。

ジェンダーギャップ指数からわかることは、労働市場でジェンダーギャップがあり、そして意思決定の場における性の偏りがある点です。そこでなぜ労働市場においてジェンダーギャップが生じるのかの理解が必要となります。

また、教育の指数を見る限り、教育でのジェンダーギャップはほぼないように見えます。

しかし、実態を詳細に見ると、ジェンダーギャップは存在します。さらにいえば、教育においてジェンダーギャップが小さいにも関わらず、なぜ労働市場ではジェンダーギャップが生じるのかについての理解が必要となります。

なぜ男女差があるのか

労働市場でのジェンダーギャップはなぜ生じるのでしょうか。本項では、労働経済学の知見に基づきジェンダーギャップが生じる要因を企業側と労働者側から検討します。

企業側から見た要因

企業側から見たジェンダーギャップが生じる要因は差別の理論に基づくものです。差別の理論には、使用者の好みに基づく差別と統計的差別があります。使用者の好みに基づく差別とは、使用者が特定のグループに対して何らかの偏見を持っていると考えます。その場合、使用者はそのグループに属する労働者を雇用することに心理的な費用を感じます。この心理的なコストにより、特定のグループの賃金が十分に低くなければ、そのグループの労働者を雇おうとしません。その結果、偏見を持たれたグループの賃金はそうでないグループと同一の生産性にも関わらず低い賃金となります。

統計的差別とは、雇い主は雇い入れる労働者個々人の生産性を知らないが、その労働者のグループに関する情報は知っているような状況を考えます。雇い主は、労働者の生産性に関する情報を観察可能な属性から類推しますが、その情報にはノイズが含まれています。

統計的差別によりジェンダーギャップが生じるのは次のようなロジックからです。企業は訓練費用を負担し、男女ともに訓練への投資をしますが、その投資は長い間働くことで回収されます。企業は女性が何年働くかを正しく知ることができません。ただ、過去の統計情報から平均的な女性の傾向を知ることができます。その情報に基づくと、個々の労働者はともかく、女性の離職率が高いことを類推します。そのもとでは、男性には平均的な男性の待遇、女性には平均的な女性の待遇をしようとします。長期間働く意向を持つ女性にとって、平均的な待遇をされるとやる気がそがれます。そのため、平均的な働き方をしてしまいます。これは企業の予想したとおりの結果が実現してしまう状況です。

労働者側から見た要因

労働参加の側面から見たジェンダーギャップが生じる要因は時間配分と人的資本です。時間配分は、家庭内の分業体制に依存します。たとえば、男性が仕事をし、女性が家事をする状況です。この分業体制は、労働市場における報酬や規範意識に影響を受けます。

人的資本による説明は、人的資本形成にジェンダーギャップがある点です。人的資本形成は教育と職場でなされます。職場に関しては、先に説明した統計的差別により訓練や機会が十分に与えられないことで生じたり、結婚や出産によるキャリアの中断などで生じたりします。教育に関しては、後述します。

近年は、規範意識や心理的な要因に注目が集まっています。規範意識とは、「男性は仕事、女性は家庭」などです。規範意識はジェンダーギャップを生じさせる要因と考えられています。心理的な要因としては、競争意識やアンコンシャスバイアスです。競争意識とは、競争を好むかどうかに男女差がある状況です。アンコンシャスバイアスは、ある判断をするときに暗黙の価値規範に基づいてしまう状況です。たとえば、外科医と聞けば、男性医師を思い浮かべてしまう状況です。

高等教育への進学での男女差

前述したように、ジェンダーギャップ指数によると、日本は労働市場や政治参加における意思決定の場に女性が少ない一方で、健康や教育では男女差がほぼないとされています。これは男女間の差は労働市場で生じるものであり、教育では問題がないように思うかもしれません。実は、教育のジェンダーギャップ指数を詳細に観察すると、少し異なる印象を持ちます。

ジェンダーギャップ指数における教育の項目は、識字率の男女比、初等教育就学者の男女比、中等教育就学者の男女比、高等教育就学者の男女比からなります。識字率および初等教育就学者は小学校と中学校が義務教育であることもあり、男女差はありません。中等教育就学者は概ね高等学校への進学を示しますが、高校進学率は2022年時点で約98・8%であり、男性は98・7%、女性は98・9%とほぼ男女差はないどころか女性の方がやや高い傾向にあります。続いて高等教育就学者は概ね短大・大学進学の進学を示しますが、進学率は2022年時点で60・4%であり、男性で60・6%、女性で60・1%とほぼ同じです。総じて、これらの指標からは教育における男女差はないように見えます。それでは何が男女差を生んでいるのでしょうか。教育の中身や成果の男女差に注目して統計を見てみます。

識字率および初等教育就学者に男女差がないことはわかりましたが、学力面ではどうでしょう。小学校4年生と中学校2年生の算数スコアの男女差をTIMSSから見てみます。

１９９５年時点では小学校４年生の算数スコアの平均値は男性で５７１点、女性で５６３点であり、中学校２年生のそれは男性で５８５点、女性で５７７点であり、これらの男女間の平均値は統計的に有意な差があるものです。ところが、２００３年時点では小学校４年生の算数スコアは男性で５６６点、女性で５６３点であり、中学校２年生のそれは男性で５７１点、女性で５６９点となり、統計的に有意な差がないものになっています。執筆時点で最新の２０１９年時点では小学校４年生の算数スコアは男女ともに５９３点、中学校２年生のそれは男性で５９５点、女性で５９３点であり、男女差はほぼありません。

中等、高等教育と教育段階が進むにつれ男女で傾向に差が出てくるようです。高等学校においては、全日制全体の在学者の男女比は約1・03で、全体の約73％を占める普通科の男女比は0・98とこちらは女性の方がやや多いです。実業科の中で男性が多い学科は工業科で、女性が多い学科は商業科です。全体の残り5％は総合科ですが、こちらは女性が多い傾向にあります。中等教育以降では、男女別学があります。短大・大学進学率でみると、男女差はありませんでした。短大と大学をわけると、２０２２年時点で短大の進学率は男性で０・9％、女性で6・7％であり、大学の進学率は男性で59・7％、女性で53・4％とやや男女差が見えてきます。

大学の学部選択ではいわゆる文系と理系とで男女差が顕著に現れます。２０２１年度の『学校基本調査』より、入学者に占める女性割合の高い分類をみると、家政が89％と最も高く、芸術（67％）、保健（66％）、人文（64％）、教育（58％）、農学（46％）、その他（45％）と続きます。入学者規模の大きい社会科学と工学の女性割合はそれぞれ32％と14％です。なお、大学院在学者の女性割合は約31％で、専攻ごとの女性比率は概ね学部と同じ傾向です。

学部構成が異なることを反映し、大学ごとで男女比も異なります。特に、難易度の高い大学では男性が多い傾向にあるようです。２０２２年5月時点の東京大学の学部在学者数に占める女性割合は20％です。２０２０年時点の京都大学のそれは23％です。ちなみに、筆者の勤務する神戸大学の２０２１年時点の女性割合は35・8％です。

第1章で説明したように、教育段階だけではなく学部選択により労働市場で成果に差があることがわかっています。欧米の研究によると、どのような学部を選択したかにより、労働市場の給与が異なることが明らかとなっています。とりわけ、近年では技術進歩やデータサイエンスへの需要が高まることを反映し、ＳＴＥＭなどの理工系や経済学における給与が高い傾向にあります。日本でも同様の傾向が報告されています。

以上より、初等中等教育での男女差は大きくなく、高等教育においても進学の有無だけ考えれば男女差は大きくないようです。ところが、高等教育においてどのようなタイプの教育を受けるかに男女差があり、そのことが労働市場での差を生む可能性が示唆されます。このような差を解消するための政策的手段としては何があるのでしょうか。政策手段を検討する際に、なぜ高等教育において男女差が生じるのかの要因を考えてみます。

高等教育における男女差を生む要因の検討

なぜ高等教育において男女差が生じるのでしょうか。第1章で紹介した大学進学への投資決定モデルに即して考察してみます。大学進学への投資の決定モデルは、大卒の便益が大学進学のコストを上回ると大学に進学し、大卒の便益が大学進学のコストより小さければ大学に進学しないことでした。つまり、便益とコストにかかわる要因を考えることになります。

まず、コスト面ですが、同じ大学であれば授業料など学費に男女差はありません。また、もし大学に行かなければ放棄するような機会費用は、高卒で就業したときの賃金です。こちらに関しては、むしろ女性は男性と比べ低いです。似たような地域に居住すれば生活費で大差はないと考えられます。

次に便益面です。大学進学の便益は大卒で得ることのできる賃金と高卒で得ることのできる賃金の差です。この点は女性の労働市場での待遇の状況に依存します。確かに同じ女性の中では、大卒と高卒には賃金差があり、その差は年齢を経ると拡大します。この点から見ると、女性にとって大卒になることの便益は男性と同様に高いと言えます。ただし、男性と異なる点もあります。

男女で異なる点の1つはキャリアが中断される可能性です。かつては結婚あるいは出産に伴い女性は一時的に就業を中断する可能性がありました。これはいわゆるM字カーブでも観察されます。M字カーブとは年齢階級別の労働参加率の折れ線グラフを描くと、20代では男性と同様に女性の労働参加率は高いにもかかわらず、30代~40代にかけて労働参加率は低下し、その後回復する様を示す傾向です。結婚や出産に伴い退職すると、これまでに蓄積した人的資本を活かせないことになります。つまり、大卒であることの便益を享受できる期間が男性と比べ短いことです。なお、このM字カーブは近年ではほぼ解消されつつあります。しかし、出産に伴う賃金低下、共働きにも関わらず家事労働の女性への偏重など、大学進学の便益を十分に享受できない可能性があります。

男女で異なるもう1つの点は職業選択の差異です。先の統計で見たように、大学に進学するものの選択する学部が異なれば、卒業後の職業選択も変化する可能性があります。医歯薬系や教員養成系学部のように学部選択と職業選択が強く関連しているものもあれば、社会科学系のように学部選択と職業選択との関連が弱いものもあります。確かに医師などは、専門性も給与も高いですが、医学部は狭き門でもありそう容易になれるものではありません。民間企業での男女差が大きければ、女性は専門職を目指すかもしれませんが、それは狭き門です。民間企業での男女差が縮小していくと、女性は専門職だけではなく、様々な職業を目指すようになります。つまり、労働市場での男女差そのものが女性の高等教育への需要を変化させることになります。

コストや便益だけではなく、意識の差にも注目が集まっています。1つは性役割意識です。性役割意識とは、たとえば「男性は仕事、女性は家事に従事すべき」などです。

もう1つはロールモデルの問題です。ここでのロールモデルとは、子どもにとって将来のキャリアを予測するような存在であり、家族を除けば、教員が身近なロールモデルといえます。初等・中等教育では教員の男女比は同数あるいはやや女性が多いです。ところが、校長などの管理職では女性は多くありません。高等学校や大学の教員になるともっと女性は少なくなります。女性にとって、高等教育を受け、その専門性を活かすと考えられる職業でのロールモデルが十分にいない可能性があります。

男女差を縮小する政策手段

それでは、男女差を縮小するような政策として何が考えられるのでしょうか。教育における男女差の問題は、結局は労働市場での問題と言えます。つまり、労働市場において男女間の賃金格差を縮小させる、管理職への昇進における男女差を縮小するような方策が、教育における男女差を縮小させる、遠回りのようで正攻法な方法と言えます。加えて、意思決定の場である政治に女性が参加することもまた教育における男女差を縮小させるものと言えます。その際、管理職に女性を必ず含めるなどの制度を検討するのも一案です。

長期的には教育内容も重要です。そのヒントとなるのが、規範意識と教育の関係を分析した研究です。原ひろみ・明治大教授らは学習指導要領の改訂により家庭科を男女で共修することで、男性の規範意識が変化したかを分析しています。中学校において男性は技術、女性は家庭科と別々に教育を受けていた世代と比べ、男性も女性も家庭科を共に学ぶ世代は、男性の育児参加時間が長いことを発見しています。

4　海外と日本

少子高齢化と外国との関係

第1節で説明したように、日本は今後労働力不足が懸念されます。その対応として海外からの労働力に期待する方法があり得ます。その際、海外からの労働者を受け入れるための「言葉」の壁をいかに取り除くかが重要となります。別の考え方としては、国内の市場が縮小するのならば、その活躍の場を海外の市場に求めるやり方です。ここでも、「言葉」の壁をいかに乗り越えるかが重要となります。

つまり、国内にとどまろうが海外に羽ばたこうが、少子高齢化社会とグローバル化の流れは、母国語以外の言語の習得の必要性を高めることになります。このような語学習得は経済学ではどのように考えられているか見ていきましょう。

語学習得の効用

外国語習得の効用は何があるでしょうか。外国語を習得することで、海外旅行の利便性が増すことや異なる文化に触れることが容易になることが考えられます。経済学では、外国語習得は労働市場で評価され、賃金の上昇をもたらす可能性を指摘しています。

外国語習得が賃金を上昇させる経路としては以下の3つが考えられています。1つ目は、言語の習得を通して認知能力やコミュニケーション能力などのスキルを向上させることです。2つ目は、複数の言語を習得していることは、高い能力の証明であることです。3つ目は、外国語を運用できることで、グローバルな企業において付加価値の高い業務に従事できる可能性です。

海外の事例において、母国語以外の言語習得が賃金上昇をもたらしているかは様々です。たとえば、ドイツのデータを分析した結果では、約12%の賃金上昇効果を発見しています。中国のデータを分析した結果では、従事する産業や性別などにより異なる可能性を発見しています。

日本を対象とした研究は多くありません。松繁寿和・高松大教授はある国立大学社会科学系の卒業者のデータを用いて、英語力と所得の正の相関や、昇進を通した間接的な所得の高まりを発見しました。一方で、寺沢拓敬・関西学院大准教授は個人に関する大規模調査を用い、英語の必要性のある仕事に従事していても英語力の有無で時間当たり年収に差がないことを発見しました。

筆者は、鶴光太郎・慶大教授らと共に、ウェブ調査から、英語スキルと賃金の関係を分析しました。ここで英語スキルとは読解、作文、聴取、会話に関するスキルレベルに主観的に回答された5段階の数値を利用したものです。分析結果によると、英語スキル保有と賃金には一様な関係が見出されませんでした。ただし、仕事で英語スキルを用いる場合には、賃金のプレミアムが観察されることがわかりました。英語を利用していることにプレミアムがあるのか、利用する仕事に就いていることにプレミアムがついていることの両方の可能性を示唆しています。

留学の効果の検証

海外留学によりどのような効果が期待できるのでしょうか。1つ目は、認知スキルである言語能力や学習能力の向上です。2つ目は、異文化に対する理解やコミュニケーション能力です。これらは非認知スキルの一種と呼べるかもしれません。3つ目は、キャリアへの影響です。キャリアへの影響としては、仕事に対する意識、職場での配置や勤務地、そして仕事の内容への影響が考えられます。たとえば、留学を経験することで、外国語を運用する部署に配属されやすくなるかもしれません。

海外留学の効果を計測することは容易ではありません。留学をする個人は、留学をしない個人とは本質的な差がある可能性があるため、両者に違いがあっても、それが留学によるものなのか、そもそもの差によるものなのかを区別できないからです。海外留学の効果を調べるには、留学した場合の成果と、同じ人がもし留学しなければ得る成果との比較をすることです。しかし、そのような比較は通常困難です。そこで、海外留学をすることが本人の意思とは無関係に決まる状況を探すことです。

そのような状況をうまく見つけ出し、留学の効果を検証した研究を紹介します。1つ目の研究群は、大学独自に実施された留学プログラムの特徴を利用する研究です。欧州の研究によると、大学に割り当てられる留学枠の違いがあるため、同じような成績でも留学しやすい大学とそうでない大学があることを用いて、留学の効果を検証しています。その結果、留学を経験すると海外での職につきやすくなるようです。日本の大学において、留学プログラムの応募者の中から無作為に留学が可能となる状況を利用した分析によると、留学により語学力が向上することが示されています。

2つ目の研究群は、留学に関わる政策を利用したものです。樋口・上智大准教授らは、日本政府が実施した海外留学支援プログラムである「トビタテ留学！　JAPAN」の特徴を利用し、留学の効果を検証しました。この留学プログラムは留学資金を給付するものですが、その給付の選抜は複数の審査員の合同審査で決まります。つまり複数の審査員の合計得点が上位のものから合格が決まります。合計点が近いということは、応募者の潜在的な能力は近しいと考えられるのですが、合格基準点をわずかに上回れば資金が援助され、わずかに下回ると資金援助はありません。この合格ラインの前後を比較した分析を行ったところ、資金援助により留学確率は約40ポイント上昇し、英語力は約12％向上することを発見しています。ただ、職業キャリアへの効果は不明としています。

少子高齢化と人口減少に直面している日本にとって、海外との関わりと高齢化は避けて通れません。現状では、語学習得の金銭的なメリットは十分ではないとされています。ただ、社会経済の変化により、語学習得の金銭的なメリットは十分に上がる可能性があるかもしれませんし、技術の発展により語学習得の費用が下がる可能性もあります。

5　高齢化社会

高齢化と教育

人口高齢化と教育問題はどのように関わるのでしょうか。筆者は主として以下の2点で関わると考えます。第1点目は、本書では繰り返しになりますが、生産性の観点からです。内閣府『国民経済計算』(2015年基準)によると、2000年代になると経済成長率は平均的にゼロ%近くになっています。加えて、人口高齢化に伴い労働力人口の伸びは鈍化しており、少子化の傾向を踏まえると労働力人口は減少していきます。その中で、いかに一人一人の生産性を向上させていくかが論点となります。その際に、教育の持つ役割は重要です。

第2点目は、財政問題とのかかわりです。2022年度の『日本の財政関係資料』(財務省)によると、歳出約107・6兆円のうち社会保障関連支出は36・3兆円と歳出の約33・7%を占めます。一方で、歳入のうち税収は約65・2兆円です。歳出と税収のギャップを埋めるように国債が発行されますが、政府債務残高の対GDP比は2021年度で約250%

に達しています。人口高齢化に伴い、社会保障費支出は今後も増え続けることが予想できます。このような財政状況において、歳出削減が困難ならば税収を増やす必要があるが、その方法は増税、そして生産性の向上が考えられます。ここでも生産性がキーとなります。

財政問題と教育問題は、生産性の観点以外からも関連があると考えられます。1つは教育に対する公的支出の問題です。もう1つは教育と技能形成の関係です。以下では、それぞれについて紹介します。

高齢化と教育費支出の関係

人口高齢化と教育への公的支出の関係はにわかには理解できないかもしれません。その理論的な背景を説明していきます。

人口の高齢化と政府支出の関係は中位投票者理論で描写できます。中位投票者理論によると、最適な政府支出額は中位所得者の選好によって決まるとされます。簡単な例は3人による多数決を考えるとわかります。図7のように、左から右に行けば公共支出金額が大きくなるような一直線上に左から順にAからCの3人が並んでいるとします。AからCのそれぞれは自身にとって効用（満足感）を最大にするような、望ましい公共支出額があります。Aは

図７　中位投票者

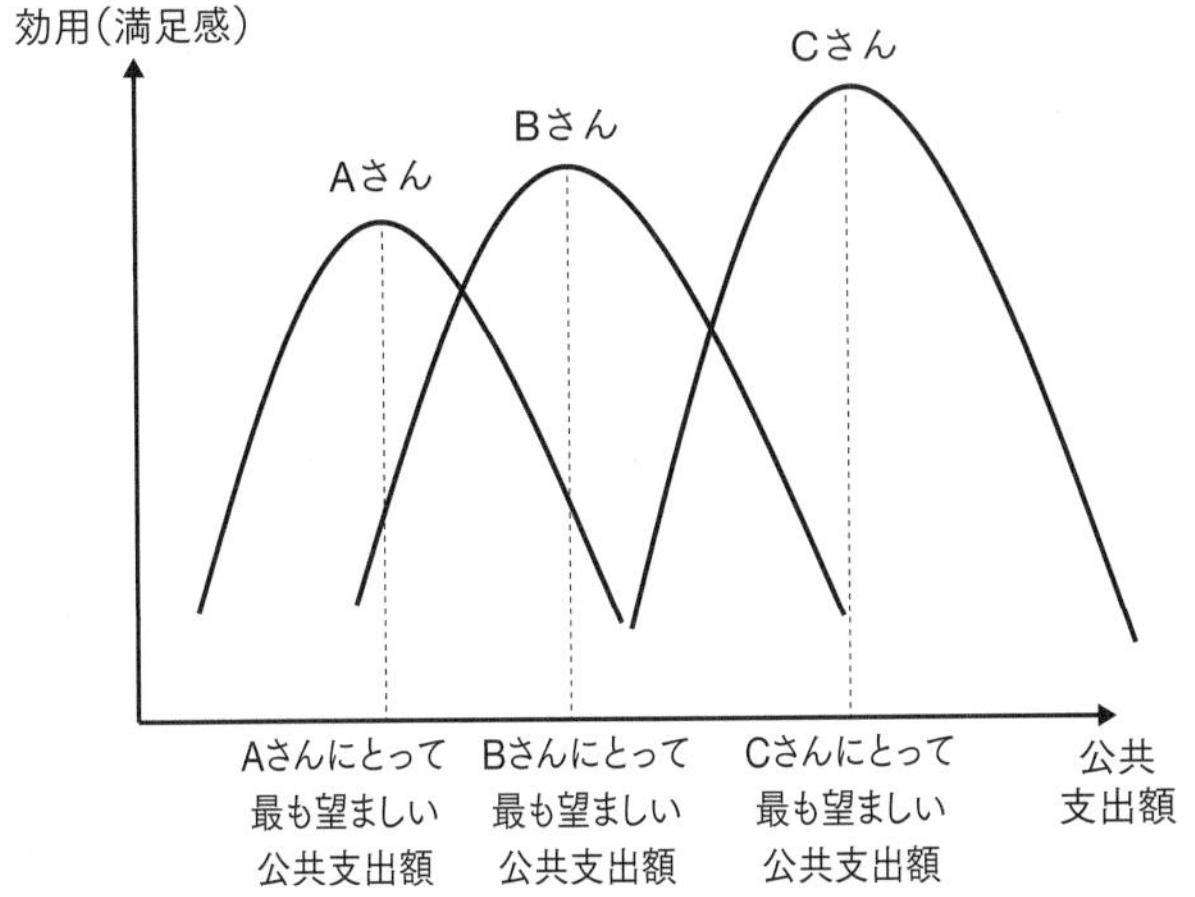

「左」（小さな金額）に好みがあるとします。Cは「右」（大きな金額）の公共支出額を多数決で決定します。そのもとで1つの公共支出額を多数決で決定します。このとき、多数決の結果「左」になるか「右」になるかは真ん中にいるBの好みで決まります。

これを人口高齢化に応用します。仮に中位所得者が高齢化すれば、高齢者にとって望ましい年金や医療に対する支出額が増え、直接便益のない義務教育費を増額させる政策は支持しない可能性があります。特に、地方財政にとって医療や社会福祉への支出同様に義務教育費への支出割合が高いため、高齢化の影響を受けやすいです。そのため、人口に占める高齢者比率が上昇すると、教育費支出を引き下げることが示唆されます。

しかしながら、高齢者は教育費支出増加を支持する場合もあります。第1点目は高齢者が長期的視点で意思決定を行う場合です。親が子どもに対し十分な教育投資を行うと、子どもの生産性が上昇します。その結果、子ども世代は親世代に対し金銭的な移転額が増え、結果的に高齢者にとって便益をもたらします。

第2点目は高齢者が利他的である場合です。高齢者が利他的ならば、高齢者は子ども（孫）への教育量の増加、もしくは教育を通じた子どもの生産性の上昇と消費が増えることに、高齢者自身が喜びを感じます。

第3点目は教育費増加が高齢者に間接的な便益をもたらす場合です。教育費の増額は学校の質の向上をもたらし、その周辺の地価を上昇させる可能性があります。もし高齢者の多くが住宅等の土地資産を多く所有していれば、地価上昇により高齢者に便益をもたらします。あるいは、学校教育が地域の犯罪率を抑制させる機能を持つ場合、教育費支出が増えることは高齢者に間接的な便益をもたらします。

さらに、人口高齢化と公的教育費支出の関係は、世帯構成により影響を受ける可能性があります。三世帯同居のように高齢者と同じ世帯に、小さな子ども（孫）がいれば、高齢者は公的な教育費支出増加に賛成するかもしれません。一方で、核家族化してしまえば、そのような傾向は見られないかもしれません。

筆者と大竹文雄・大阪大特任教授の1975年～2005年の都道府県別のデータを分析した研究によると、全体的な傾向として高齢者比率の上昇は義務教育費支出を引き下げるものの、80年代と90年代ではその傾向が逆転していることを発見しました。ただ、この逆転現象は、単身高齢者の増加という世帯構成の変化の影響であるという強い証拠は得られませんでした。

宮錦三樹・中大准教授らは、都道府県別のデータを2013年まで拡張し、さらに教育段階別の公的教育費支出と高齢化の関係を検証しています。2000年代前半ごろまでは高齢者は高等教育や大学などの高等教育への支出を支持していましたが、それ以降はそのような関係が見られないこと、就学前や義務教育への支出を支持しない傾向を確認しています。公的サービスの受益と負担に関する選好が重要といえます。

高齢化と技能形成

少子高齢化の進展と人口減少に伴い、高齢者の労働参加への期待が高まっています。もちろん働くかどうかは個人が決めることですが、年齢によらず働きたいと考える人が働くことのできる状況を整備することは重要です。そのためには、働き手と雇い手のミスマッチの解消が重要となります。高齢者を対象とした場合、健康状態と技能のミスマッチが考えられます。

多くの研究で、加齢による体力の低下や認知能力の低下が報告されています。体力増進や健康維持には運動が重要といえます。また、退職を機に認知能力やデジタル知識の低下が報告されています。これは働くことの別の効用を示しているかもしれません。

健康状態と技能のミスマッチの解消には訓練が必要です。ただ、第1章の教育投資の意思決定問題で見た通り、個人は訓練を受けることの費用と、そこから得られる将来的な収益のバランスを見て、訓練受講を決めます。高齢者にとっては、長期的な将来収益が期待できない限り、技能を形成する動機がないと言えます。その際、将来の就労見込みが明るいかがキーとなります。デンマークの研究によると、年金改革により年金支給開始年齢が遅くなる世代は、その直前の世代と比べ訓練への参加確率が7%上昇することが報告されています。

人口高齢化は、財政的な経路を通して教育と関わる可能性があります。さらに、高齢者自身のスキルの向上と関連している可能性があります。その意味では、やはり教育は一生涯を通じて行うものだと言えます。

おわりに

本書は、教育に関連する問題を考えるための枠組みを教育経済学の知見に基づき紹介したものです。できるだけ幅広く扱ったつもりですが、それでも言及できなかった点は多くあります。本書を読んで関心を持たれたならば、末尾の参考文献から関連する研究をお読みいただければ幸いです。

本書では、日本の事例をできるだけ多く紹介するように努めました。近年、多くの優れた研究が蓄積されつつあるものの、海外と比べ質・量ともに心もとないのもまた事実です。優れた研究を支えるのは、様々な統計データです。統計データの収集には、多くの方の理解と協力が不可欠です。本書がその助けになれば幸いです。

本書の執筆に際して、多くの方々から協力がありました。筆者の博士課程の指導教員であり、また共同研究者でもある大竹文雄先生には、執筆の後押しをしていただきました。神戸大学の同僚で共同研究者でもある勇上和史先生には、内容の相談から草稿へのコメントまで、サポートをいただきました。大学院時代からの友人で共同研究者でもある小川亮先生には、草稿へのコメントをいただきました。本書で言及した研究は、多くの共同研究を含んでいます。共同研究者および学会等でコメントをいただいた先生方に感謝します。

本書のもとになった内容は、神戸大学や千葉大学の授業で用いました。話を聞いて意見をくれた神戸大学のゼミ生そして、千葉大学のゼミ生たちに感謝します。

日経ＢＰの細谷和彦氏には、本書の出版に際し、ご尽力をいただきました。お話をいただいてから出版までに時間がかかってしまいましたが、その間何度も励ましていただき、原稿に詳細なフィードバックをいただきました。厚く御礼申し上げます。

最後に、私事ではありますが、研究を支えてくれた家族に感謝します。

２０２３年12月

佐野　晋平

〈参考文献〉

全体に関わる文献

小塩隆士（２００２）『教育の経済分析』日本評論社

川口大司（２０１７）『労働経済学』有斐閣

佐野晋平（２０１７）「人的資本と教育政策」川口大司『日本の労働市場』有斐閣第３章

中室牧子（２０１５）『「学力」の経済学』ディスカヴァー・トゥエンティワン

松岡亮二（２０１９）『教育格差：階層・地域・学歴』ちくま新書

Boeri , T. & van Ours, J. 2021, *The Economics of Imperfect Labor Markets, Third Edition*, Princeton Press

Bradley, Steve & Colin Green 2020 *The Economics of Education: A Comprehensive Overview, 2nd Edition*, Academic Press

Lovenheim, Michael & Sarah E. Turner, 2019 *Economics of Education*, Worth

第１章

小塩真司（２０２１）『非認知能力：概念・測定と教育の可能性』北大路書房

川口大司（２０１１）ミンサー型賃金関数の日本の労働市場への適用．現代経済学の潮流、67–98．

佐野晋平（２０１５）「人的資本とシグナリング」日本労働研究雑誌No.６５７

安井健悟（２０１９）「大学と大学院の専攻の賃金プレミアム」『経済分析』（１９９）42–67．

安井健悟・佐野晋平（２００９）教育が賃金にもたらす因果的な効果について——手法のサーヴェイと新たな推

定　日本労働研究雑誌、51（7）、16–33.
安井健悟・佐野晋平・久米功一・鶴光太郎（2020）「認知能力及び非認知能力が賃金に与える影響について」. *DP-RIETI Discussion Paper Series, 20-J-024.*
Araki, S., Kawaguchi, D., & Onozuka, Y.(2016). University prestige, performance evaluation, and promotion: Estimating the employer learning model using personnel datasets. *Labour Economics*, 41, 135-148.
Card, D.(1999). The causal effect of education on earnings. *Handbook of Labor Economics*, 3, 1801-1863.
Deming, D. J.(2022). Four Facts about Human Capital. *Journal of Economic Perspectives*, *36*(3), 75-102.
Edin, P.-A., Fredriksson, P., Nybom, M., & Öckert, B.(2022). The Rising Return to Noncognitive Skill. *American Economic Journal: Applied Economics*, *14*(2), 78-100.
Morikawa, M.(2015). Postgraduate education and labor market outcomes: An empirical analysis using micro data from Japan. *Industrial Relations: A Journal of Economy and Society*, 54(3), 499-520.
Nakamuro, M., Inui, T., & Yamagata, S.(2017). Returns to education using a sample of twins: evidence from Japan. *Asian Economic Journal*, 31(1), 61-81.
Hanushek, E. A., Schwerdt, G., Wiederhold, S., & Woessmann, L.(2015). Returns to skills around the world: Evidence from PIAAC. *European Economic Review*, 73, 103-130.
Heckman, J. J., Stixrud, J., & Urzua, S.(2006). The effects of cognitive and noncognitive abilities on labor market outcomes and social behavior. *Journal of Labor Economics*, 24(3), 411-482.
Kawaguchi, D., & Toriyabe, T.(2022). Measurements of skill and skill-use using PIAAC. *Labour Economics*, *78*, 102197.
Kawaguchi, D., & Mori, Y.(2016). Why has wage inequality evolved so differently between Japan and the US? The

role of the supply of college-educated workers. *Economics of Education Review*, *52*, 29-50.
Kikuchi, N.(2017). Marginal Returns to Schooling and Education Policy Change in Japan., *ISER Discussion Paper* No. 996
Lee, S. Y., & Ohtake, F.(2018). Is being agreeable a key to success or failure in the labor market? *Journal of the Japanese and International Economies*, *49*, 8-27.
Lochner, L.(2020). Education and crime. In *The Economics of Education*,. Academic Press.
Suga, F.(2020). The returns to postgraduate education in Japan. *The Japanese Economic Review*, *71*(4), 571-596.

第2章

阿部眞子・大竹文雄・佐野晋平（２０２３）「通塾が児童生徒の学力に与える効果」『日本経済研究』近刊
赤林英夫・直井道生・敷島千鶴（２０１６）『学力・心理・家庭環境の経済分析』有斐閣
卯月由佳（２０２２）「国際比較データ」、『日本労働研究雑誌』64（４）65–69.
大竹文雄・佐野晋平（２０２２）「胎児期環境と身体・学習能力の発達との関連」バイオクリニカ 37（１）
川口俊明（２０２０）『全国学力テストはなぜ失敗したのか』岩波書店
佐々木勝（２０２１）『経済学者が語るスポーツの力』有斐閣
佐野晋平（２０１７）「学力とは」日本労働研究雑誌 No.６８１
佐野晋平（２０２１）「児童手当は教育投資や学力向上につながるか？」週刊東洋経済 経済学で読み解く現代社会のリアル
田中隆一（２０２２）「自治体行政データ」、『日本労働研究雑誌』64（４）、57–60.
中澤渉（２０１３）「通塾が進路選択に及ぼす因果効果の異質性——傾向スコア・マッチングの応用——」『教育

社会学研究』、92、151―174.
マティアス・ドゥプケ、ファブリツィオ・ジリボッティ（2020）『子育ての経済学 愛情・お金・育児スタイル』慶應義塾大学出版会（鹿田昌美・大垣昌夫 訳）
耳塚寛明・浜野隆・冨士原紀絵（2021）『学力格差への処方箋：［分析］全国学力・学習状況調査』勁草書房
Akabayashi, H., Araki, H., & Tanaka, R.(2018). Effects of After-School Education Vouchers on Children's Academic and Behavioral Outcomes: Evidence from a Randomized Experiment. *CREPE Discussion Paper*, 48.
Akabayashi, H., Taguchi, S., & Zvedelikova, M.(2023). Access to and demand for online school education during the COVID-19 pandemic in Japan. *International Journal of Educational Development*, *96*, 102687.
Asakawa, S., & Ohtake, F.(2021). Impact of temporary school closure due to COVID-19 on the academic achievement of elementary school students. *RIETI Discussion Paper 22-E-075*
Asakawa, S., Ohtake, F. & Sano. S(2024).The Impact of the COVID-19 Pandemic on the Academic Achievement of Elementary and Junior High School Students: Analysis using administrative data from Amagasaki City, *Review of Economics of the Household*
Bessho, S., Noguchi, H., Kawamura, A., Tanaka, R. and Ushijima, K.(2019)Evaluating remedial education in elementary schools: Administrative data from a municipality in Japan.*Japan and the World Economy*, 50, 36-46.
Fiorini, M., & Keane, M. P.(2014). How the allocation of children's time affects cognitive and noncognitive development.*Journal of Labor Economics*, *32*(4), 787-836.
Ikeda, M., & Yamaguchi, S.(2021). Online learning during school closure due to COVID-19. *The Japanese Economic Review*, 72(3), 471-507.
Kobayashi, Y.(2018). The Effect of Shadow Education Vouchers after the Great East Japan Earthquake: Evidence

from regression discontinuity design. *RIETI Discussion Paper Series. 18-E-031.*
Nakamuro, M., Uzuki, Y., & Inui, T.(2013). The effects of birth weight: Does fetal origin really matter for long-run outcomes? *Economics Letters*, *121*(1), 53-58.
Nakayama, M., & Matsushima, M.(2023). Age-related changes in the effect of birth weight on child development: findings from a Japanese Longitudinal Survey. The Japanese Economic Review, 74(1), 177-197.
Naoi, M., Akabayashi, H., Nakamura, R., Nozaki, K., Sano, S., Senoh, W., & Shikishima, C.(2021). Causal effects of family income on educational investment and child outcomes: Evidence from a policy reform in Japan. *Journal of the Japanese and International Economies*, *60*.
Takaku, R., & Yokoyama, I.(2021). What the COVID-19 school closure left in its wake: Evidence from a regression discontinuity analysis in Japan. *Journal of Public Economics*, 195, 104364.
Todd, P. E., & Wolpin, K. I.(2003). On the Specification and Estimation of the Production Function for Cognitive Achievement. *The Economic Journal*, *113*(485), F3-F33.

第3章

赤林英夫・佐野晋平（２０１９）「校長が在籍児童生徒のアウトカムに与える効果の統計的計測」『フィナンシャル・レビュー』（6）、5–23.
五十棲浩二・伊藤寛武・中室牧子（２０２２）「日本における「小さな池の大魚効果」：校内順位の高さは学力向上をもたらすか」『日本経済研究』（80）、57–85.
伊藤寛武・田端紳（２０２２）「教員付加価値から見た教員の役割について：日本の小学生を例にして」、『日本労働研究雑誌』２０２２年２・３月号（No.７４０）

黒川博文・佐々木周作・大竹文雄（２０１７）「長時間労働者の特性と働き方改革の効果」『行動経済学』、*10*、50−66.

佐野晋平（２０１７）「教え育てる仕事―学校で活躍する人たち」、阿部正浩・菅万理・勇上和史『職業の経済学』中央経済社 第７章

田中隆一（２０２０）「根拠を活用した教育政策形成へ向けて：自治体教育データを用いたクラスサイズ縮小効果の検証」『社会保障研究』５（３）、３２５−３４０.

二木美苗　（２０１３）「学級規模が学力と学習参加に与える影響」『経済分析』、１８６、30−49.

二木美苗　（２０１７）「子どもの学習に対する教員の質の効果：都道府県パネルデータによる実証分析」日本経済研究（74）、56−83.

北條雅一（２０２３）『少人数学級の経済学』慶應義塾大学出版会

Akabayashi, H., & Nakamura, R.(2014). Can Small Class Policy Close the Gap? An Empirical Analysis of Class Size Effects in Japan: Can Small Class Policy Close the Gap? *Japanese Economic Review*, *65*(3), 253-281.

Alan, S., Boneva, T., & Ertac, S.(2019). Ever failed, try again, succeed better: Results from a randomized educational intervention on grit. *The Quarterly Journal of Economics*, *134*(3), 1121-1162.

Angrist, J. D., & Lavy, V.(1999). Using Maimonides' rule to estimate the effect of class size on scholastic achievement. *The Quarterly Journal of Economics*, 114(2), 533-575.

Angrist, J. D., Lavy, V., Leder-Luis, J., & Shany, A.(2019). Maimonides Rule Redux. *American Economic Review: Insights*, *1*(3), 309-324.

Bloom, N., Lemos, R., Sadun, R., & Van Reenen, J.(2015). Does management matter in schools? *The Economic Journal*, *125*(584), 647-674.

Carrell, S. E., Sacerdote, B. I., & West, J. E.(2013). From natural variation to optimal policy? The importance of endogenous peer group formation. *Econometrica*, *81*(3), 855-882.

Chetty, R., Friedman, J. N., & Rockoff, J. E.(2014a). Measuring the Impacts of Teachers I: Evaluating Bias in Teacher Value-Added Estimates. *The American Economic Review*, 104(9), 2593-2632.

Chetty, R., Friedman, J. N., & Rockoff, J. E.(2014b). Measuring the Impacts of Teachers II: Teacher Value-Added and Student Outcomes in Adulthood. *The American Economic Review*, 104(9), 2633-2679.

Coelli, M., & Green, D. A.(2012). Leadership effects: School principals and student outcomes. *Economics of Education Review*, *31*(1), 92-109.

Corcoran, S. P., Evans, W. N., & Schwab, R. M.(2004). Changing labor-market opportunities for women and the quality of teachers, 1957–2000. *American Economic Review*, *94*(2), 230-235.

Dee, T. S.(2005). A teacher like me: Does race, ethnicity, or gender matter? *American Economic Review*, *95*(2), 158-165.

Dhuey, E., & Smith, J.(2018). How school principals influence student learning. *Empirical Economics*, *54*(2), 851-882.

Elsner, B., & Isphording, I. E.(2017). A big fish in a small pond: Ability rank and human capital investment. *Journal of Labor Economics*, *35*(3), 787-828.

Fredriksson, P., Ockert, B., & Oosterbeek, H.(2016). Parental Responses to Public Investments in Children: Evidence from a Maximum Class Size Rule. *Journal of Human Resources*, *51*(4), 832-868.

Hanushek, E. A., Piopiunik, M., & Wiederhold, S.(2019). The value of smarter teachers: International evidence on teacher cognitive skills and student performance. *Journal of Human Resources*, *54*(4), 857-899.

Hanushek, E. A., & Rivkin, S. G.(2012). The Distribution of Teacher Quality and Implications for Policy. *Annual Review of Economics*, *4*(1), 131-157.

Hojo, M.(2021). Association between student-teacher ratio and teachers' working hours and workload stress: evidence from a nationwide survey in Japan. *BMC public health*, *21*, 1-8.

Hojo, M., & Senoh, W.(2019). Do the disadvantaged benefit more from small classes? Evidence from a large-scale survey in Japan. *Japan and the World Economy*, *52*.

Ito, H., Nakamuro, M., & Yamaguchi, S.(2020). Effects of class-size reduction on cognitive and non-cognitive skills. *Japan and the World Economy*, *53*.

Jackson, C. K., Rockoff, J. E., & Staiger, D. O.(2014). Teacher Effects and Teacher-Related Policies. *Annual Review of Economics*, *6*(1), 801-825.

Koedel, C., Mihaly, K., & Rockoff, J. E.(2015). Value-added modeling: A review. *Economics of Education Review*, *47*, 180-195.

Krueger, A. B.(2003). Economic considerations and class size. *The Economic Journal*, 113(485), F34-F63.

Lavy, V.(2009). Performance pay and teachers' effort, productivity, and grading ethics. *American Economic Review*, *99*(5), 1979-2011.

Lavy, V.(2015). What Makes an Effective Teacher? Quasi-Experimental Evidence. *CESifo Economic Studies*, *62*(1), 88-125.

Lazear, E. P.(2001). Educational production. *The Quarterly Journal of Economics*, *116*(3), 777-803.

Leuven, E., & Løkken, S. A.(2020). Long-Term Impacts of Class Size in Compulsory School. *Journal of Human Resources*, *55*(1), 309-348.

Murphy, R., & Weinhardt, F.(2020). Top of the class: The importance of ordinal rank. *The Review of Economic Studies*, *87*(6), 2777-2826.

Nagler, M., Piopiunik, M., & West, M. R.(2020). Weak Markets, Strong Teachers: Recession at Career Start and Teacher Effectiveness. *Journal of Labor Economics,, vol. 38*(2).

Oikawa, M., Tanaka, R., Bessho, S., & Noguchi, H.(2022). Do Class Size Reductions Protect Students from Infectious Diseases?: Lessons for COVID-19 Policy from a Flu Epidemic in the Tokyo Metropolitan Area. *American Journal of Health Economics*, *8*(4), 449-476.

Pop-Eleches, C., & Urquiola, M.(2013). Going to a Better School: Effects and Behavioral Responses. *American Economic Review*, *103*(4), 1289-1324.

Rao, G.(2019). Familiarity Does Not Breed Contempt: Generosity, Discrimination, and Diversity in Delhi Schools. *American Economic Review*, *109*(3), 774-809.

Rivkin, S. G., Hanushek, E. A., & Kain, J. F.(2005). Teachers, schools, and academic achievement. *Econometrica*, *73*(2), 417-458.

Rockoff, J. E.(2004). The impact of individual teachers on student achievement: Evidence from panel data. *American Economic Review*, *94*(2), 247-252.

Sacerdote, B.(2001). Peer effects with random assignment: Results for Dartmouth roommates. *The Quarterly Journal of Economics*, *116*(2), 681-704.

Sacerdote, B.(2011). Peer effects in education: How might they work, how big are they and how much do we know thus far? In *Handbook of the Economics of Education*(Vol. 3, pp. 249-277). Elsevier.

Sacerdote, B.(2014). Experimental and quasi-experimental analysis of peer effects: two steps forward? *Annual Review*

of Economics, *6*(1), 253-272.
Tanaka, R., Bessho, S. I., Kawamura, A., Noguchi, H., & Ushijima, K.(2020). Determinants of teacher value-added in public primary schools: Evidence from administrative panel data. *IZA Discussion Papers No. 13146*
Tanaka, M., Kameda, T., Kawamoto, T., Sugihara, S., & Kambayashi, R.. Managing Long Working Hours: Evidence from a Management Practice Survey. *Journal of Human Resources*.

第4章

赤林英夫（２００７）「学校選択と教育ヴァウチャー政策と研究」『現代経済学の潮流』１８９−２１６.
伊藤由樹子・鈴木亘（２００３）「奨学金は有効に使われているか」『季刊家計経済研究』58、86−96.
小塩隆士（２０２０）「所得連動返還型奨学金制度：意義と課題」『社会保障研究』５（３）、３１３−３２４.
小塩隆士・佐野晋平・末冨芳（２００９）「教育の生産関数の推計−−中高一貫校の場合」『経済分析』１８２、48−69.
小野塚祐紀（２０２３）「入試方法の変化が人的資本形成へ与える影響：多元的な評価尺度を持つ入試方法の部分的な導入」『日本労働研究雑誌』、65（７）、40−49.
呉書雅・島一則・西村君平（２０１９）「日本学生支援機構貸与型奨学金が大学生の収入・支出に与える影響プロペンシティースコアマッチングによる検証」『生活経済学研究』、49、57−74.
小林雅之（２００９）『大学進学の機会：均等化政策の検証』東京大学出版会
阪本崇（２０１９）「所得連動型貸与奨学金─その理論的背景と課題─」『高等教育研究』22、29−48.
下山朗・村田治（２０１１）「奨学金給付と学生の消費行動：学生生活実態調査の個票データを用いて」『生活経済学研究』33、19−32.

吉田あつし・張璐・牛島光一（２００８）「学校の質と地価 足立区の地価データを用いた検証」『季刊住宅土地経済』vol. 68. pp. 10－18
Abe, M, Ohtake, F. & Sano, S.(2023)The Effects of the Calculation Class in Elementary School on Student Outcomes, *Discussion Paper*
Akabayashi, H., & Araki, H.(2011). Do education vouchers prevent dropout at private high schools? Evidence from Japanese policy changes. *Journal of the Japanese and International Economies*, *25*(3), 183-198.
Akabayashi, H., & Naoi, M.(2019). Subject variety and incentives to learn: Evidence from public high school admission policies in Japan. *Japan and the World Economy*, *52*, 100981.
Alan, S., & Ertac, S.(2018). Fostering Patience in the Classroom: Results from Randomized Educational Intervention. *Journal of Political Economy*, *126*(5), 1865-1911.
Algan, Y., Cahuc, P., & Shleifer, A.(2013). Teaching practices and social capital. *American Economic Journal: Applied Economics*, *5*(3), 189-210.
Armstrong, S., Dearden, L., Kobayashi, M., & Nagase, N.(2019). Student loans in Japan: Current problems and possible solutions. *Economics of Education Review*, *71*, 120-134.
Bergbauer, A. B., Hanushek, E. A., & Woessmann, L.(2018). *Testing. NBER working paper 24836.*
Bettinger, E., Gurantz, O., Kawano, L., Sacerdote, B., & Stevens, M.(2019). The Long-Run Impacts of Financial Aid: Evidence from California's Cal Grant. *American Economic Journal: Economic Policy*, *11*(1), 64-94.
Cantoni, D., Chen, Y., Yang, D. Y., Yuchtman, N., & Zhang, Y. J.(2017). Curriculum and Ideology. *Journal of Political Economy*, *125*(2), 338-392.
Chapman, B. D.(2022). Income-contingent loans in higher education financing. *IZA World of Labor*. 227v2

Cortes, K. E., Goodman, J. S., & Nomi, T.(2015). Intensive Math Instruction and Educational Attainment Long-Run Impacts of Double-Dose Algebra. *Journal of Human Resources*, *50*(1), 108-158.

Deming, D. J., & Figlio, D.(2016). Accountability in US Education: Applying Lessons from K–12 Experience to Higher Education. *Journal of Economic Perspectives*, *30*(3), 33-56.

Figlio, D., & Hart, C. M. D.(2014). Competitive Effects of Means-Tested School Vouchers. *American Economic Journal: Applied Economics*, *6*(1), 133-156.

Figlio, D., Holden, K. L., & Ozek, U.(2018). Do students benefit from longer school days? Regression discontinuity evidence from Florida's additional hour of literacy instruction. *Economics of Education Review*, *67*, 171-183.

Gicheva, D.(2016). Student loans or marriage? A look at the highly educated. *Economics of Education Review*, *53*, 207-216.

Gneezy, U., List, J. A., Livingston, J. A., Qin, X., Sadoff, S., & Xu, Y.(2019). Measuring Success in Education: The Role of Effort on the Test Itself. *American Economic Review: Insights*, *1*(3), 291-308.

Hemelt, S. W., & Lenard, M. A.(2020). Math acceleration in elementary school: Access and effects on student outcomes. *Economics of Education Review*, *74*, 101921.

Hsieh, C.-T., & Urquiola, M.(2006). The effects of generalized school choice on achievement and stratification: Evidence from Chile's voucher program. *Journal of Public Economics*, *90*(8-9), 1477-1503.

Ito, T., Kubota, K., & Ohtake, F.(2020). Long-term consequences of the hidden curriculum on social preferences. *The Japanese Economic Review*, 1-29.

Kawaguchi, D.(2016). Fewer school days, more inequality. *Journal of the Japanese and International Economies*, *39*, 35-52.

Kikuchi, N.(2014). The effect of instructional time reduction on educational attainment: Evidence from the Japanese curriculum standards revision. *Journal of the Japanese and International Economies*, *32*, 17-41.

Kubota, K.(2016). Effects of Japanese compulsory educational reforms on household educational expenditure. *Journal of the Japanese and International Economies*, *42*, 47-60.

Kuroda, Y.(2018). The effect of school quality on housing rents: Evidence from Matsue city in Japan. *Journal of the Japanese and International Economies*, *50*, 16-25.

Lavy, V.(2009). Effects of Free Choice Among Public Schools. *Review of Economic Studies*, *77*(3), 1164-1191.

Lavy, V.(2015). Do Differences in Schools' Instruction Time Explain International Achievement Gaps? Evidence from Developed and Developing Countries. *The Economic Journal*, *125*(588), F397-F424.

Lavy, V.(2021). The Long-Term Consequences of Free School Choice. *Journal of the European Economic Association*, *19*(3), 1734-1781.

Mezza, A., Ringo, D., Sherlund, S., & Sommer, K.(2020). Student loans and homeownership. *Journal of Labor Economics*, *38*(1), 215-260.

Motegi, H., & Oikawa, M.(2019). The effect of instructional quality on student achievement: Evidence from Japan. *Japan and the World Economy*, *52*, 100961.

Mumma, K. S.(2022). The Effect of Charter School Openings on Traditional Public Schools in Massachusetts and North Carolina. *American Economic Journal: Economic Policy*, *14*(2), 445-474.

Park, R. J., Goodman, J., Hurwitz, M., & Smith, J.(2020). Heat and Learning. *American Economic Journal: Economic Policy*, *12*(2), 306-339.

Pfeffer, F. T.(2018). Growing wealth gaps in education. *Demography*, *55*(3), 1033-1068.

Sandström, F. M., & Bergström, F.(2005). School vouchers in practice: competition will not hurt you. *Journal of Public Economics*, *89*(2-3), 351-380.

Sano, S.(2019). The effect of student loans on college enrollment: Evidence from municipality panel data in Japan. *Japan and the World Economy*, *52*, 100979.

Schwerdt, G., & Woessmann, L.(2017). The information value of central school exams. *Economics of Education Review*, *56*, 65-79.

Tanaka, M., Narita, Y., & Moriguchi, C.(2020). Meritocracy and its discontent: Long-run effects of repeated school admission reforms. *RIETI Discussion paper*.

Woessmann, L.(2016). The importance of school systems: Evidence from international differences in student achievement. *Journal of Economic Perspectives*, *30*(3), 3-32.

Woessmann, L.(2018). Central exit exams improve student outcomes. *IZA World of Labor*.

Yoshida, A., Kogure, K., & Ushijima, K.(2009). School choice and student sorting: Evidence from Adachi Ward in Japan. *The Japanese Economic Review, 60*, 446-472.

第5章

佐野晋平・鶴光太郎・久米功一・安井健悟（２０２２）「スキルの保有と利用の実証分析：ＩＣＴスキルと英語スキルに着目して」、RIETIディスカッションペーパー、22-J-032

寺沢拓敬（２０１５）『「日本人と英語」の社会学：なぜ英語教育論は誤解だらけなのか』研究社

原ひろみ（２０１７）「女性の活躍が進まない原因：男女間賃金格差からの検討」、川口大司編『日本の労働市場』、第６章、有斐閣、２０１７年

平口良司（２０２２）『入門・日本の経済成長』日本経済新聞出版
松繁寿和（２００２）社会科学系大卒者の英語力と経済的地位．教育社会学研究，71，１１１－１２９．
宮錦三樹・木村真樹　（２０１９）「人口高齢化と公教育費の変遷：高齢者はどの教育段階を支持するか」『日本経済研究』（77），61－88．
李嫺娟（２０１９）「海外留学の効果に関する実証分析―（非）認知能力と労働市場の成果を中心に―」『国際学研究』，54，１－28．
Acemoglu, D., & Autor, D.(2011). Skills, tasks and technologies: Implications for employment and earnings. In *Handbook of Labor Economics*(Vol. 4, pp. 1043-1171). Elsevier.
Autor, D. H., & Handel, M. J.(2013). Putting tasks to the test: Human capital, job tasks, and wages. *Journal of Labor Economics*, *31*(S1), S59-S96.
Card, D., & Payne, A. A.(2021). High school choices and the gender gap in STEM. *Economic Inquiry,* 59(1), 9-28.
Carlana, M.(2019). Implicit Stereotypes: Evidence from Teachers' Gender Bias. *The Quarterly Journal of Economics*, *134*(3), 1163-1224.
Delaney, J. M., & Devereux, P. J.(2022). Gender Differences in STEM Persistence after Graduation. *Economica*, *89*(356), 862-883.
Frey, C. B., & Osborne, M. A.(2017). The future of employment: How susceptible are jobs to computerisation? *Technological forecasting and social change*, *114*, 254-280.
Goldin, C., & Katz, L. F.(2009). *The race between education and technology*. harvard university press.
Hara, H., & Rodríguez-Planas, N.(2024). Long-Term Consequences of Teaching Gender Roles: Evidence from Desegregating Industrial Arts and Home Economics in Japan. *Journal of Labor Economics*

Harris, A. R., Evans, W. N., & Schwab, R. M.(2001). Education spending in an aging America. *Journal of Public Economics*, *81*(3), 449-472.

Higuchi, Y., Nakamuro, M., Roever, C., Sasaki, M., & Yashima, T.(2023). Impact of studying abroad on language skill development: Regression discontinuity evidence from Japanese university students. *Journal of the Japanese and International Economies*, *70*, 101284.

Higuchi, Y., Sasaki, M., & Nakamuro, M.(2020). Impacts of an information and communication technology-assisted program on attitudes and English communication abilities: An experiment in a Japanese high school. *Asian Development Review*, *37*(2), 100-133.

Ikenaga, T., & Kambayashi, R.(2016). Task Polarization in the Japanese Labor Market: Evidence of a Long – Term Trend. *Industrial Relations*, *55*(2), 267-293.

Ladd, H. F., & Murray, S. E.(2001). Intergenerational conflict reconsidered: county demographic structure and the demand for public education. *Economics of Education Review*, *20*(4), 343-357.

Ohtake, F., & Sano, S.(2010). The effects of demographic change on public education in Japan. In *The economic consequences of demographic change in east asia*(pp. 193-219). University of Chicago Press.

Parey, M., & Waldinger, F.(2011). Studying Abroad and the Effect on International Labour Market Mobility: Evidence from the Introduction of ERASMUS. *The Economic Journal*, *121*(551), 194-222.

Poterba, J. M.(1998). Demographic change, intergenerational linkages, and public education. *The American Economic Review*, *88*(2), 315-320.

Stöhr, T.(2015). The returns to occupational foreign language use: Evidence from Germany. *Labour Economics*, *32*, 86-98.

Wang, L. C.(2015). All work and no play? The effects of ability sorting on students' non-school inputs, time use, and grade anxiety. *Economics of Education Review*, *44*, 29-41.

〈A〉 経済・金融

3 貿易の知識 小峰・村田
7 外国為替の知識 国際通貨研究所
36 環境経済入門 三橋規宏
44 証券化の知識 大橋和彦
52 石油を読む 藤和彦
60 信託の仕組み 井上聡
73 デリバティブがわかる 可児・雪上
77 やさしい株式投資 日本経済新聞社
78 金融入門 日本経済新聞社
79 金利を読む 滝田洋一
80 医療・介護問題を読み解く 池上直己
81 経済を見る3つの目 伊藤元重
83 はじめての海外個人投資 廣重勝彦
84 はじめての投資信託 吉井崇裕
85 フィンテック 柏木亮二
86 はじめての確定拠出年金 田村正之
87 銀行激変を読み解く 廉了
89 シェアリングエコノミーまるわかり 野口功一
91 テクニカル分析がわかる 古城鶴也
92 ESGはやわかり 小平龍四郎
93 シン・日本経済入門 藤井彰夫
94 医療と介護3つのベクトル 池上直己
95 資源の世界地図 飛田雅則
96 アジアのビジネスモデル 新たな世界標準 村山宏
97 インパクト投資入門 須藤奈応
98 戦後日本経済史 日本経済新聞社
99 カーボンニュートラル 野村総合研究所
100 投資のきほん 日本経済新聞社
101 日本のエネルギーまるわかり 塙和也

〈B〉 経営

33 人事管理入門 今野浩一郎
70 製品開発の知識 延岡健太郎
74 コンプライアンスの知識 髙巖
76 人材マネジメント入門 守島基博
95 メンタルヘルス入門 島悟
106 ブルー・オーシャン戦略を読む 安部義彦
107 パワーハラスメント 岡田・稲尾
110 ビッグデータ・ビジネス 鈴木良介
112 職場のメンタルヘルス入門 難波克行
113 組織を強くする人材活用戦略 太田肇
116 会社を強くする人材育成戦略 大久保幸夫
117 女性が活躍する会社 大久保・石原
118 新卒採用の実務 岡崎仁美
119 IRの成功戦略 佐藤淑子
121 コーポレートガバナンス・コード 堀江貞之
122 IoTまるわかり 三菱総合研究所
123 成果を生む事業計画のつくり方 平井・淺羽
124 AI（人工知能）まるわかり 古明地・長谷
125 「働き方改革」まるわかり 北岡大介
126 LGBTを知る 森永貴彦
127 M&Aがわかる 知野・岡田
128 「同一労働同一賃金」はやわかり 北岡大介
129 営業デジタル改革 角川淳
130 全社戦略がわかる 菅野寛
131 5Gビジネス 亀井卓也
132 SDGs入門 村上・渡辺
134 サブスクリプション経営 根岸・亀割
135 アンガーマネジメント 戸田久実
136 PDCAマネジメント 稲田将人
137 リモート営業入門 水嶋玲以仁
138 Q&Aいまさら聞けないテレワークの常識 武田・中島
139 ビジネス新・教養講座 テクノロジーの教科書 山本康正
140 日本企業のガバナンス改革 木ノ内敏久
141 ビジネス新・教養講座 企業経営の教科書 遠藤功
142 ジョブ型雇用はやわかり マーサージャパン
143 いまなら間に合う デジタルの常識 岡嶋裕史
144 KPIマネジメント 佐々木一寿

著者略歴

佐野 晋平（さの・しんぺい）
神戸大学大学院経済学研究科教授

1979 年生まれ、山口県出身。2001 年東京都立大学経済学部卒業。2006 年大阪大学大学院経済学研究科博士後期課程修了（博士（経済学））。日本学術振興会 PD、神戸大学准教授、千葉大学法政経学部准教授などを経て、2024 年より現職。専門は教育経済学と労働経済学。主な論文として、「人的資本と教育政策」（『日本の労働市場』有斐閣、第 3 章）。

日経文庫

教育投資の経済学

2024 年 1 月 24 日　1 版 1 刷
2024 年 11 月 12 日　　3 刷

著　者　佐野晋平
発行者　中川ヒロミ
発　行　株式会社日経 BP
日本経済新聞出版
発　売　株式会社日経 BP マーケティング
〒 105-8308　東京都港区虎ノ門 4-3-12

装幀　next door design
組版　マーリンクレイン
印刷・製本　三松堂

 ISBN978-4-296-11924-0
Printed in Japan

本書籍に関するお問い合わせ、ご連絡は下記にて承ります。
https://nkbp.jp/booksQA